도서출판 대장간은
쇠를 달구어 연장을 만들듯이
생각을 다듬어 기독교 가치관을
바르게 세우는 곳입니다.

대장간이란 이름에는
사라져가는 복음의 능력을 되살리고,
낡은 것을 새롭게 풀무질하며, 잘못된 것을
바로 세우겠다는 의지가 담겨져 있습니다.

www.daejanggan.org

한국교회 설교, 무엇이 문제인가?

이 책은 기독연구원 느헤미야에서 〈쿼바디스에 신학이 답하다〉라는 주제로 개최한 연중 포럼을 정리한 것입니다.

04 한국교회 설교, 무엇이 문제인가?

지은이 권연경 배덕만 표성중 김형원 조석민
초판발행 2015년 11월 11일

펴낸이 배용하
책임편집 박민서
등록 제364-2008-000013호
펴낸곳 도서출판 대장간
　　　　 www.daejanggan.org
등록한곳 대전광역시 동구 우암로 75-21 (삼성동)
편집부 전화 (042) 673-7424
영업부 전화 (042) 673-7424   전송 (042) 623-1424

분류 신학 | 설교
ISBN 978-89-7071-362-5 부가번호 03230
가격 7,000원

이책은 저작권의 보호를 받습니다.
기록된 형태의 허락 없는 무단 전재와 복제를 금합니다.

한국교회 설교,
무엇이 문제인가?

머리말

종교개혁의 가장 중요한 유산 중 하나는 설교가 예배의 중심이 된 것입니다. 그 결과, 설교는 개신교 목회자의 가장 중요한 역할과 기능이 되었습니다. 따라서 설교 없는 개신교 예배를 생각할 수 없고, 설교하지 않는 목사를 상상하기 어렵습니다. 물론, 평신도 설교자들이 등장했고, 퀘이커처럼 설교보다 신적 계시를 중시하는 흐름도 개신교 내에 존재하지만, 여전히 설교는 목회자들의 독점적 사역이요, 개신교 예배의 핵심입니다.

지난 세기, 세계적 관심의 대상이었던 한국교회의 부흥도 설교와 깊은 관계가 있습니다. 비록 신학적 훈련의 양과 질이 충분하지 못했지만, 말씀에 대한 존중과 사랑, 성령에 대한 절대적 신뢰, 그리고 교회와 시대를 향한 열정과 헌신이 결합하여, 한국교회의 폭발적 성장을 견인한 것입니다. 교회마다, 강단마다, 그리고 예배마다 사자후를 토하는 설교자, 그리고 그에게 "아멘"으로 화답하는 성도들로 가득했습니다. 그렇게 설교는 부흥의 도화선이 되었고, 한국교회는 "세기적 현상"이 되었습니다.

하지만 어느 순간, 한국교회의 성장은 멈추고, 교회 안팎의 비난과 걱정이 고조되기 시작했습니다. 부흥의 불길은 꺼지고, 열정과 헌신도 약화되었으며, 개혁과 갱신의 요청이 급증했습니다. 이런 안타까운 현실의 배후에도 설교가 존재합니다. 신학교의 수가 급증했고, 목회자들의 학력도 높아졌으나, 신학적 깊이나 영적 권위가 부족한 설교들이 범람하고 있습니다. 정체성이 모호하거나 심지어 본질에서 벗어난, 그리고 시대와 사회에 대한 책임과 적합성이 결여된 설교들이 대세를 이루는 것 같습니다. 설교가 추락하면서, 교회도 길을 잃었습니다.

여기에 실린 글들은 이런 한국교회의 현실을 신약학자, 교회사가, 윤리학자, 그리고 기자의 눈으로 관찰·분석하고, 신학적·목회적 해법을 제시하려는 학문적 노력의 산물입니다. 물론, 이 글들이 설교와 관련된 모든 주제를 다룬 것도 아니요, 제시한 진단, 분석, 해법이 완벽한 것도 아닙니다. 결코 그럴 수가 없습니다. 그럼에도, 현재 한국에서 신학자들의 이런 노력은 매우 중요합니다. 이런 노력 없이, 한국교회의 변화와 갱신은 처음부터 길을 잃기 때문입니다. 부디, 이 작은 몸짓이 한국교회 강단과 설교의 변혁과 부활을 위한 '나비의 작은 날개 짓'이 되길 소망합니다.

기독연구원 느헤미야

차례

하나님의 능력인 복음, 그리고 설교 _ 권연경	13
한국교회 설교, 그 일탈의 역사 _ 배덕만	41
설교 표절, 교계는 어떤 목소리를 내고 있는가 _ 표성중	65
설교의 위기, 목사의 문제인가 성도의 문제인가? _ 김형원	87
그러면 어떻게 준비하고 설교할 것인가? _ 조석민	119

1장
하나님의 능력인 복음, 그리고 설교

권연경
숭실대 기독교학과

하나님의 능력인 복음, 그리고 설교

권연경

I. 들어가는 말: 능력으로서의 복음과 설교

이 글의 논점은 단순하다. 곧 우리가 선포하고 설교해야 할 '복음'이란 다름 아닌 '하나님의 능력'이라는 사실이다. 신학적으로는 당연한 이야기일 수 있지만, 많은 그리스도인에게는 사실상 망각된 진리에 가깝다. 능력이 복음의 속성 중 하나라고는 인정하지만, 그것이 복음의 결정적 본질이라고는 생각하지 않는다. 안타까운 일이지만, 복음을 "힘이 있는" 메시지 대신 그저 "아름다운" 혹은 "듣기 좋은" 메시지로 간주하는 현실은 우리의 신념이 성경의 가르침에서 얼마나 쉽게 벗어날 수 있는가를 잘 보여준다. 바울은 "좋은 소식"을 정말 "좋은" 소식으로 만드는 것, 그래서 복음을 다른 모든 인간적 이론이나 가르침과 구별하는 것은 복음 특유의 힘, 곧 그 속에서 역사하는 창조주 하나님의 생명력이라 생각했다.

> 나는 복음을 부끄러워하지 않는다. 이 복음은 모든 믿는 자에게 구원을 주시는 하나님의 능력이기 때문이다.(롬 1:16)

> 십자가의 말씀이 멸망하는 자들에게는 어리석음이지만 구원을 얻는 우리에게는 하나
> 님의 능력이다.(고전 1:18, 24)

복음은 이 능력을 선포하고 약속한다. 복음을 믿는다는 것은 바로 이 능력의 원천이신 하나님께 기대를 거는 것, 그리고 그 분의 약속에 기대어 산다는 것을 의미한다. 설교가 복음을 선포하는 행위라면, 설교는 당연히 이 복음의 능력에 관한 이야기여야 한다. "복음을 전하려고 산을 넘는 자의 발이 아름다움이여!"

대부분의 설교학자들 역시 이 점을 강조한다. 풀러신학교의 설교학 교수였던 이안 피트-왓슨Ian Pitt-Watson의 한 설교학 교재는 "What Comes First"라는 제목으로 시작한다. 전달 방식보다 전달할 내용이 앞선다는 뜻이다. 설교란 하나님에 관해 말하는 것이기에 다른 모든 의사소통과 구별된다. 그리고 하나님은 결점 많은 인간을 통해 말씀하시겠다는 어리석은 결정을 내리셨다. 이런 "하나님의 미친 어리석음"divine-crazy absurdity으로 인해, "하나님 말씀의 선포가 곧 하나님 말씀"이라는 등식이 성립된다. Second Helvetic Confession 설교자를 통해 하나님이 말씀하신다는 놀라운 고백이다. 만약 이것이 사실이라면 설교가 식상하기는 어렵다. 하나님의 말씀을 선포하는 행위이기 때문이다.

여기서 기억해야 할 것은 하나님의 말씀을 필요로 하는 우리의 문제가 모호함이나 우유부단함이 아니라, 무능력impotence이라는 사실이다. 물론, 그 해결책은 어떻게 해야 할지에 관한 "훌륭한 조언"이 아니라 하나님께서 행하신 놀라운 일에 관한 복된 소식이다. 청중들이 필요로 하는 것은 이런저런 종교적, 도덕적 충고가 아니라, 하나님의 말씀을 듣는 것이다. 그들이 원하는 것은 복음의 선포이지 괜찮은 도덕적 훈계가 아니다. 참된 성경적 설교는 하나님이 예수 그리스도를 통해 하신 일과, 하고 계시는 일, 또 앞으로 하실 일을 선포하며, 바로 그 신적 행위 속에 우리의 삶을 그

려 보인다.

예일대에서 신약과 설교를 가르쳤던 데이비드 바틀렛David Bartlett은 설교에 관한 한 강연에서 이렇게 말한다.

복음이 무엇이냐는 물음을 두고 신약성경 전체에 걸쳐 분명한 공통점이 드러난다. 복음이란 언제나 하나님의 사자가 하나님의 승리에 관해 선포하는 것이었다. 그리고 이 승리는 언제나 예수 그리스도를 통해 얻어진 승리였다.

이 승리가 삶의 상황 속에 선포되는 방식은 다양할 것이다. 하지만 그 다양성이 본질을 흐리지는 않는다. 우리의 설교는 언제나 하나님의 승리에 관한 증언이라는 것이다.

미국의 신약학자요 목회자인 존 파이퍼John Piper가 설교에 관해 쓴 책의 제목은 *The Supremacy of God in Preaching*이다. 제목 그대로 이 책의 논지는 하나님으로 요약된다. 사람들은 하나님의 위대하심에 굶주려 있고, 설교자는 바로 이 궁극적 필요에 응답하는 사람이다. 설교란 하나님의 아름답고 장엄한 영광을 가장 선명하게 드러내는 일이며, 사람들로 하여금 그 하나님의 영광의 비전에 침잠하도록, 그리고 그 비전속에서 살아가도록 돕는 일이다. "영광을 받으시고자 하는 하나님의 깊디깊은 열정과 만족되기 원하는 나의 깊디깊은 갈망은 서로 충돌하지 않다. 오히려 이 두 가지는 하나님의 영광이 드러나고 내가 그것을 즐거워하는 순간 한꺼번에 만족됩니다."

잘 알려진 미국의 설교학자 토마스 롱Thomas Long의 생각도 다르지 않다.

우리가 성경으로 가는 이유는 하나님의 임재를 경험하기 위해서이며, 언제나 새롭게 말씀하시고 삶의 현장에서 하나님의 신실한 백성으로 살아가도록 부르시는 음성을 듣기 위해서다.

구약학자로 설교에 깊은 관심을 가진 월터 브루그만Walter Brueggemann의 이야기 역시 경청해 볼만하다. 그에 의하면 성경은 "대안적 현실관을 제공하는 대안적 상상력으로 연출된 대안적 텍스트"다. 따라서 이 텍스트에 근거한 설교 역시 일종의 "대안적 묘사"다. 기존의 현실관을 뒤집는 설교, 곧 하나님이 배제된 지배적 이데올로기를 넘어, 하나님이 다스리고 그분의 목적이 실현되는 대안적 세계를 상상하게 돕는 설교다. 여기에 변화의 계기가 있다. 인간성의 변혁이란 교훈적 사상이나 열광적 확신이 아니라, 현실을 묘사하는 색다른 대본, 곧 기존 텍스트와 그 해석을 뒤집고 대안적 텍스트 및 색다른 현실 묘사를 도모하는 대안적 현실관을 통해 이루어지기 때문이다. 그래서 설교란 "이 대안적 대본대로 상상하면 세상이 어떤 모습이 될지 탐구하는 작업"이다. 물론, 이런 주장의 바탕에는 성경 텍스트가 "목소리를 내고 깨뜨리며 파괴하고 창조하는 하나님의 살아 있는 말씀"이라는 신념이 있다. 하나님께서 말씀하신다는 확신에 기초하여, 새로운 세계를 상상하게 돕는 작업이 설교라는 것이다.

지극히 제한된 사례들이지만, 이런 다양한 조언들 바탕에는 한 가지 공통된 확신이 있다. 곧 설교란 성경 텍스트를 매개 삼아 하나님을 하나님으로 드러내는 행위, 곧 창조주 하나님의 영광과 능력을 선포하는 행위라는 신념이다. 설교의 본질은 하나님에 관한 멋진 가르침을 제공하는 것도, 성도들의 아픔을 어루만지는 것도, 유용한 조언을 베푸는 것도 아니다. 오히려 설교란 하나님의 영광을 그 본연의 모습대로 최선을 다해 재현하는 일이다.

이어지는 논의는 이런 설교학적 통찰을 성경적으로 되새겨 보려는 시도다. 곧 예수의 하나님 나라 선포와, 예루살렘 사도들 및 바울/바나바를 통한 복음 선포 사역, 그리고 복음 선포 사역의 일환으로 저술된 바울의 몇몇 서신들을 살피면서, 복음 선포 행위의 핵심이 바로 복음의 능력을 증언하는 것이었음을 확인하는 것이다. 이는 오늘 강단의 많은 설교가 무기력이라는 증상에 시달리고 있다는 판단과 이어진다. 물론 복음이 그 능력을 발휘하는 양상은 다양할 것이다. 하지만 복음의 능력이라는 근원적 본질은 달라지지 않는다. 이어지는 논의는 이 명백한 사실을 되새기는 작업이 될 것이다.

II. 복음 선포와 하나님의 능력

1. 예수의 하나님 나라 선포와 능력

마태복음에서 예수의 첫 설교인 산상수훈은 무리가 "그의 가르침"에 놀랐다는 말로 끝난다. 그 놀람의 이유는 분명하다. "왜냐하면 그가 그들의 서기관들과는 달리 권위가 있는 사람처럼 가르치셨기 때문이다."마 7:28-29 물론, 여기서의 권위는 언어적 선포에 국한되지 않고, 그의 선포와 동반된 성령의 능력과 연결된다. 산상수훈 직전 4장 말미에서 마태는 "예수께서 온 갈릴리를 두루 다니시면서 그들의 회당에서 가르치고, 하나님 나라의 복음을 선포하시며, 백성들 가운데서 모든 질병과 아픔을 고쳐주셨다"고 기록한다. 4:23 사람들은 이 능력을 기대하며 예수께로 왔고, 그는 "그들을 고쳐주셨다."4:24 수많은 사람들이 예수를 따르게 된 것은 바로 이런 단순하지만 결정적인 이유에서였다. 4:25 마가복음에서는 회당에서 귀신들린 자를 치유하는 장면에서 동일한 표현이 나온다. 예수께서 설교하실 때 사람들은 "새롭고 권위 있는 말씀이구나!" 하며 놀란다. 하지만 이 놀람의 이유는 예수의 수사적 기교나 신학적 깊이가 아니라, 그의 능력이다. "그가 악한 귀신에게 명령하니 그들이 나가는구나!"1:27 누가복음의 병행구절은 말씀과 능력 사이의 긴밀한 얽힘을 더 선명하게 드러낸다. "이

것이 도대체 어떤 말씀ὁ λόγος 이냐? 그가 권위와 능력으로ἐν ἐξουσίᾳ καὶ δυνάμει 더러운 귀신들에게 명령하니 그들이 나가는구나!"4:36

여기서 보는 것처럼, 예수의 "가르침" 혹은 그의 하나님 나라 "선포"는 단순한 언어적 전달을 넘어간다. 그의 복음 선포에 "힘이 있었다"는 말은 일차적으로 그 가르침의 내용이나 방식에 관한 묘사가 아니다. 오히려 이는 그의 가르침이 질병을 치유하고, 귀신을 쫓아내며, 죽은 자를 살리고, 자연의 세력조차 정복하는 분의 가르침, 곧 실질적 변화를 일으키는 능력을 동반한 말씀이었다는 사실을 가리킨다. 하나님 나라 도래의 가장 확실한 증거는 그의 선포에 담긴 심오한 지혜가 아니라, 그가 "하나님의 능력[손가락]으로 귀신을 쫓아낸다"는 사실이다. 눅 11:20 당연한 사실이지만, 네 복음서는 천국 복음을 선포하는 예수께서 행하신 온갖 종류의 놀라운 일들로 가득하다. 물론, 사람들은 그 능력에 끊임없이 놀란다. 그리고 이 놀람은 "이 사람이 도대체 누구이길래?" 하는 물음으로 이어진다. 그는 하나님 나라에 관한 소문을 퍼뜨리는 이가 아니라, 하나님 나라 자체의 도래를 선포하고 구현하는 자였다.

이 예수를 향한 믿음 역시 예수의 능력과 관련된다. 우리가 "믿음"이라는 말 속에 집어넣는 복잡한 교리들과는 달리, 복음서의 맥락에서 예수를 향한 사람들의 믿음은 대부분 아픔을 치유하는 그의 능력에 대한 기대와 연관된다. 사람들은 예수로부터 치유를 기대하며 일상적 궤적을 벗어나 그에게로 나아온다. "무리들"은 이런 일탈에서 비난의 이유를 찾지만, 예수는 그들의 믿음에 주목하며 그들에게 치유와 용서를 선포한다. 바로 이런 얽힘 속에서 예수는 다양한 사람들과 만나고 그들과 관계를 맺는다. 누가복음의 몇몇 이야기들을 살펴봅시다.

평범한 고기잡이 베드로는 뜻밖의 상황에 엄청난 고기를 잡는 기적을 경험하고 예수 앞에 무릎을 꿇고 그의 제자가 되었다. 누가복음의 문맥에서 이 사건은 예수께서 그의 장모를 치유하신 일 다음에 등장한다. 어쩌면 바로 그 치유로 인해 그가 예수의 "터무니없는" 요구에 순종했을 지도 모른다. 배에서 "가르치시던" 분이 남다른 능력을 가진 분임을 알고 있었다는 것이다. 눅 5:1-11 나병환자는 예수의 능력을 믿고 구하였고, 그의 믿음대로 고침을 받았다. 눅 5:12-16 중풍병자를 데리고 온 사람들도 마찬가지다. 예수는 가르치고 계셨다. 뿐만 아니라, **"예수께 병을 고치는 주의 능력이 있었다."**5:17 사람들은 이 "예수 앞으로" 병자를 데려가려 했지만, "군중"이라는 장애물에 막히고 만다. 이런 상황에서 자연스런 행동은 포기하고 발길을 돌리는 것이다. 하지만 이 사람들의 행동은 모두의 예상을 벗어난다. 그들은 들것을 든 채로 지붕으로 올라가 지붕을 뜯는다. 이는 남의 집을 망가뜨리는 행동일 뿐 아니라, 집안에 있는 이들에게 나뭇가지와 흙먼지를 입히는 무례한 행동이었을 것이다. 그리고는 그 사람을 달아 "예수 앞에" 내려놓는다5:19. 그런데 이 상황에서 예수께서 보신 것은 그들의 무례함이 아니라, "예수 앞에" 가면 나을 것이라는 그들의 믿음이었다. 예수는 "그들의 믿음을 보시고" 그 사람에게 용서와 치유를 선포한다. 5:20-21, 24-25 예수의 가르침을 듣고 있던 그들은 "우리가 오늘 신기한 일을 보았다"고 놀라며 하나님을 찬양한다. 5:26

물론, 예수의 시대도 오늘날만큼이나 무감각한 시대였다. 피리를 불어도 춤추지 않고, 곡을 해도 가슴을 치지 않는다. 시대를 향해 심판을 선포하는 요한이 "미치광이"였고, 천국을 선포하며 축하하는 예수는 "주정뱅이"였다. 7:31-34 하나님의 능력으로 귀신을 쫓아내는데, 바알세불의 힘이라고 비난하며, 성령의 능력으로 병자를 치유해도 안식일을 어겼다는 사실에만 집착한다. 하지만 모두가 그런 것은 아니다. 예수의 피리에 어떤 이는 광란의 춤을 추고, 그의 곡소리에 어떤 이는 가슴을 찢으며 운다. 하혈로 고통 하던 여인은 자신의 부정함을 무시한 채 사람들 사이로 끼어들어 예수의 옷을 만진다. 하지만 예수는 여인의 무례함이 아니라 그녀의 믿음을 본다. "딸아, 너의 믿음이 너를 구원하였다. 평안히 가거라."8:48 창녀로 보이는 여인이 바리새인의 집안에 들이닥치기도 하고, 7:36-50 회당장 야이로가 예수의 발아래 엎드리기도 한다. 눅 8:41 시각장애인 바디매오는 군중들의 비난도 무시한 채 예수를 향해 고함을 지른다. 18:38-39 예수를 만나고 싶었던 삭개오는 자신의 작은 키와 몰려드는 군중 때문에 나무 위로 올라간다. 19:4 이들은 모두 예수로부터 무언가를 간절히 기대했고, 이 기대로 인해 그들의 행동은 상식의 궤도를 벗어난다. 예수님은 이런 일탈을 믿음이라 칭찬하셨고, 바로 이 믿음이 그들의 구원이었다. 바로 예수를 통해 드러나는 하나님의 능력에 대한 믿음이었다.

2. 사도들의 선포와 예수의 능력

능력을 핵심으로 한 예수의 사역은 제자들의 사역에서 그대로 재현된다. 예수의 죽음 후 엠마오로 가던 두 제자는 그가 "하나님과 모든 백성 앞에서 그 행동과 말씀에 능력이 있는 예언자"였다고 회고한다. 눅 24:19 물론, 지금 그들은 죽음의 절망과 극한 좌절감에 신음하고 있다. 하지만 그런 절망 속에서도 예수께서 행동과 말씀으로 보여주신 능력에 대한 기억은 생생하다. 그리고 예수의 부활을 경험한 후, 사도들이 담대히 선포했던 주제가 바로 이 예수의 능력이었다. 베드로 설교의 표본으로 제시된 2장의 오순절 설교는 수난당하기 전 예수의 사역을 이렇게 소개한다.

> 여러분이 아시는 바와 같이, 나사렛 예수는 하나님께서 기적과 놀라운 일과 표징으로 여러분에게 증명해 보이신 분입니다. 하나님께서 그를 통해 이 모든 일을 여러분 가운데서 행하셨다.(2:22)

이방인을 청중으로 한 첫 설교인 고넬료 집안에서의 설교도 마찬가지다. 여기서 베드로가 십자가 이전의 예수를 묘사하는 방식은 앞 오순절 설교에서와 크게 다르지 않다.

하나님께서 나사렛 예수에게 성령과 능력을 부어주셨다. 이 예수는 두루 다니시면서 선한 일을 행하시고 마귀에게 억눌린 사람들을 모두 고쳐 주셨다. 그것은 하나님께서 그와 함께 하셨기 때문입니다.(10:38)

베드로는 예수의 가르침보다 그의 "기적과 놀라운 일과 표징"에, 그와 함께 했던 "성령과 능력"에 청중들의 이목을 집중시킨다. 바로 이런 놀라운 일들이 예수의 메시야 직분을 확증하는 증거라는 것이다. 물론, 그렇다고 예수의 가르침이 무시되는 것은 아니다. 하지만 예수의 하나님 나라 선포가 단순한 언어행위에 그치지 않는다는 사실은 분명하다. 그는 하나님의 능력을 구체적으로 드러내었고, 그렇게 하나님의 통치를 구현했다. 이것이 사도들이 기억하고 선포했던 예수의 모습이었다.

3. 큰 능력으로 예수를 증언하는 교회

능력 있는 예수의 선포가 사도들의 사역이었다면, 그들의 선포 속에서도 동일한 능력이 나타나는 일은 자연스럽다. 실제 신약의 기록은 사도들의 복음 선포 역시 강력한 능력을 동반했음을 매우 강조한다. 누가복음에서 부활하신 예수는 "증인들"이 될 사도들에게 "위로부터 오는 능력을 입을 때까지" 예루살렘을 떠나지 말라고 지시한다. 24:48-49 이는 사도행전 전체의 요약문 격인 1장 8절에서 다시 반복된다. "그러나 성령이 너희에게 오시면 너희가 능력을 받고 예루살렘과 온 유대와 사마리아에서, 그리고 땅 끝에 이르기까지 나의 증인이 될 것이다." 이후 이 사도/증인들의 행보는 바로 이 능력의 구체적 표현들이었다.

당연히 사도들의 놀라운 이적들은 이들의 사역을 규정하는 가장 중요한 요소 중 하나였다. 베드로의 첫 설교는 삼천 명의 회심이라는 놀라운 결과를 낳는다 2:41. 물론 이는 성령께서 듣는 이의 마음을 만지신 결과다. 2:37 하지만 구원 받는 이들이 많아지고 성도들이 아름다운 공동체를 이루는 변화 이면에는 "사도들을 통하여 놀라운 일과 표징이 많이 일어났다"는 사실이 놓여있다. 2:43 아나니아와 삽비라 사건 이후에도 동일한 양상이 나타난다. "사도들의 손을 통해 많은 표징과 놀라운 일들이 일어났다"는 진술은 "더 많은 사람들이 믿고 주께로 나와 큰 무리를 이루었다"는 진술이 이어진다. 5:12, 14 그리고는 이 능력이 드러나는 양상을 전형적인 요약문 형태로 그려 보여준다.

> 심지어는 병든 사람들을 거리로 메고 나가서 침상이나 깔 자리에 눕혀 놓고, 베드로가 지나길 때에 그 그림자라도 그들 가운데 누구에게 덮이기를 바랐다. 또 예루살렘 근방의 여러 동네에 사는 사람들이 병든 사람들과 악한 귀신에게 시달리는 사람들을 데리고 모였는데, 그들은 모두 고침을 받았다.(5:15-16)

이 장면은 복음서에 묘사된 예수의 사역과 거의 동일하다. 예수의 사역이든, 그 사도들의 사역이든, 하나님 나라 선포가 하나님의 능력을 드러내는 것은 필연적이다. 하나님의 통치가 그저 말로 존재하는 공허한 개념이 아니기 때문이다. 그래서 박해에 처한 교회가 드리는 기도 역시 주의 능력이 더 강력히 드러나기를 바라는 기도였다.

> 주님, 이제 그들의 위협을 내려다보시고, 주님의 종들이 참으로 담대하게 주님의 말씀을 말할 수 있게 해 주십시오. 그리고 주님께서 능력의 손을 뻗치시어 병을 낫게 해 주시고, 주님의 거룩한 종 예수의 이름으로 표징과 놀라운 일들이 일어나게 해 주십시오.(4:29-30)

이 기도문은 담대히 주님의 말씀을 전하는 일과 주의 능력으로 놀라운 일들이 일어나는 것을 한 호흡으로 연결한다. 예수의 사역에서 그랬듯, 자신감 넘치는 복음의 선포는 보다 실질적 능력의 표현들과 함께 한다. 사도행전은 이를 매우 인상적인 하나의 문장으로 요약해 보여준다.

사도들은 큰 능력으로 주 예수의 부활을 증거하였고, 사람들은 모두 은혜를 받았다.(4:33)

4. 능력에 대한 해명으로서의 선포

여기서 우리는 사도행전 설교에 대해 매우 중요한 사실 하나를 관찰한다. 항상 그런 것은 아니지만, 초대교회의 설교는 백지 상황에서 언어의 마법으로 믿음을 이끌어 내는 행위는 아니었다. 오히려 그들의 설교는 하나님이 먼저 행하신 위대한 일들에 대한 사후적 해명의 성격이 강했다. 베드로의 첫 설교는 오순절 성령 강림의 결과였던 방언 현상에 대한 해명으로 시작했다. 놀라거나 빈정거리는 이들을 향해, 베드로는 지금 일어나는 방언의 기적이 술 취한 결과가 아니라 하나님이 약속하신 예언이 성취된 결과임을 알려준다. 행 2:14-21 그리고 거기서 시작하여, 예루살렘 청중들이 죽인 예수를 하나님이 다시 살리셨다는 놀라운 사실, 그리고 이 부활을 통해 예수가 주와 그리스도가 되셨다는 사실, 그리고 바로 이 부활하신 예수께서 "여러분이 보고 듣는 이것" 곧 약속하신 성령을 내려 주신 것이라고 선포한다. 2:22-36 성령이 임하면서 주신 방언 자체가 "하나님의 큰 일"을 선포하는 것이었고, 베드로의 설교 역시 하나님께서 예수를 통해 행하신 큰 일을 가리키며, "여러분에게 이 일의 의미를 알려 주겠다"는 말로 설교를 시작하는 것이다. 2:14

사도행전 3장에서도 베드로는 군중들과 산헤드린 앞에서 거듭 설교하고 증언한다. 기본적으로 이 모두는 성전 미문에서 구걸하던 불구자를 "나사렛 예수 그리스도의 이름으로" 치유했던 사건에 대한 해명이었다. 사람들은 이 일을 "심히 놀랍게 여기며 놀라워" 했고,3:10 그런 일을 행한 베드로와 요한을 붙잡아 자초지종을 들으려 했다. 3:11 이에 베드로는 이렇게 답변한다. "마치 우리가 스스로의 경건함과 능력으로 이 일을 행한 것처럼 오해하는데, 실은 그렇지 않다. 사실은 여러분이 죽게 만든 나사렛 예수 그리스도, 하지만 죽은 자 가운데서 다시 살리신 그리스도의 이름이 여러분이 지금 보고 아는 이 사람을 건강하게 만든 것이다. 예수를 통해 생겨나는 믿음이 여러분 모든 사람 앞에서 이 사람을 이처럼 완전하게 낫게 한 것이다."3:12-16 그리고는 그들의 잘못에 대해 회개를 촉구하고, 그 회개에 대해 용서와 성령의 선물을 약속한다. 공회 앞에서의 심문도 마찬가지다. 공회는, 마치 바리새인들이 예수께 했던 것처럼, 사도들이 행한 일을 두고서, 그 일을 행하게 한 권위와 이름을 묻는다. 사실상 설교에 대한 초청인 셈이다. 물론 베드로는 성령이 충만하여 백성의 지도자들에게 예수 그리스도의 이름을 선포하는 것으로 그 물음에 답한다. 4:8-12

본격적인 이방선교의 개척자였던 바나바와 바울의 사역도 마찬가지였다. 그들은 최초 행선지 구브로에서 그곳 총독 세르기오 바울에게 복음을 전하려 했고, 이 사람은 지혜로운 자여서 바나바와 사울을 불러 하나님의 말씀을 듣고자 했다. 하지만 바예수라 불리는 거짓선지자요 마술사가 나서 총독이 믿지 못하도록 방해한다. 이에 바울은 성령이 충만하여 그 마술사를 제압하고, 이는 총독의 믿음으로 이어진다. "이에 총독이 그렇게 된 것을 보고 믿으며 주의 가르치심을 놀랍게 여기니라."13:12 예수께서 갈릴리 회당에서 귀신들린 자를 고치셨을 때 사람들이 권세 있는 새로운 가르침에 놀랐던 모습과 그리 다르지 않다.

그 다음 행선지 안디옥에서는 바울의 긴 설교가 기록된 반면, 이적에 관한 언급은 없다. 아마도 이 설교를 바울의 "회당 설교"의 전형으로 소개하려는 의도 때문일 것이다. 하지만 이고니온에서는 유사한 패턴이 관찰된다. 바울과 바나바의 설교로 많은 사람들이 믿었지만, 순종하지 않는 유대인들이 이방인들을 선동하여 믿은 형제들에게 적의를 품도록 만든다. 하지만 두 사도는 당당하다. 하나님께서 사도들을 통해 "표적과 기사"가 나타나게 하셨고, 이로써 자신의 은혜의 말씀을 친히 증언하여 주셨다. 14:3 여기서도 누가는 "구원/치유를 얻을 만한 믿음"에 관해 이야기한다. 14:9 바울은 걷지 못하는 사람에게서 이런 믿음을 보고 그 사람을 고쳐주었던 것이다.

바울과 바나바를 통해 드러난 이 능력은 예루살렘 교회가 이방 선교의 정당성을 인정하는 과정에서 매우 결정적인 증거로 작용한다. 할례를 요구하지 않는 이방 선교의 타당성을 논의하기 위해 모인 예루살렘 회의에서 베드로는 고넬료 집안에 하나님께서 성령을 내리셨던 자신의 처음을 되새긴다. 15:6-11 그리고 바나바와 바울은 온 교회 앞에서 "하나님께서 자기들로 말미암아 이방인 중에서 행하신 표적과 기사에 관하여" 보고한다. 15:12 그리고 이는 할례 요구를 묵살하는 야고보의 최종 발언으로 이어진다. 15:13-21 갈라디아서 2장의 기록 역시 이런 분위기를 그대로 반영한다. 거기서 바울은 베드로를 "움직이셔서" 그를 할례자의 사도로 삼으신 하나님이 자신을 "움직이셔서" 이방인의 사도로 삼으셨다고 이야기한다 2:8. 그리고 예루살렘의 유력한 사도들 역시 베드로가 할례자의 복음을 맡은 것처럼 바울 역시 무할례자의 복음을 맡았음을 "보았고," 2:7 하나님께서 바울에게 사도 직분을 주신 것을 "알았다." 2:9 바울이 구체적으로 언급하지는 않지만, 그들이 "보았던" 것, 그래서 바울의 진정성을 "알도록" 한 것이 바울 사역의 성공과 그에 동반된 사도적 표적과 기사였다는 사실은 분명해 보인다.

빌립보에서도 감옥에서 벌어진 놀라운 기적이 간수의 회심으로 이어진다. 16:11-40 데살로니가나 고린도에서는 기적에 관한 언급이 없지만, 이는 누가의 저술 의도와 관련된 것일 뿐, 실제 상황이 달라서는 아니다. 바울 자신의 증언처럼, 그는 데살로니가에서도 "성령과 능력과 큰 확신으로" 혹은 "성령과 능력의 나타남으로" 복음을 전했다. 살전 1:4; 고전 2:4 "하나님이 바울의 손으로 놀라운 능력을 행하게 하셨던" 에베소 선교는 놀라운 치유의 능력을 보여주었던 예수와 베드로의 사역을 그대로 재현한 것이다. 행 19:11-20; 눅 6:17-19; 행 5:12-16 초대교회의 선교 상황이 드러내는 이런 "미신적" 색채들은 현대인의 세련된 감수성에는 맞지 않는 것처럼 보인다. 하지만 성경은 이를 하나님의 능력에 대한 정당한 반응, 곧 "믿음"에 가까운 것으로 묘사한다.

이처럼 사도들의 설교는 구체적으로 드러난 하나님의 능력에 대한 해명으로 시작되었다. 물론, 이 패턴이 기계적으로 반복되는 것은 아니다. 언어적 선포는 중요하며, 때론 그 자체만으로 놀라운 결과를 이끌어내기도 한다. 하지만 그 배후에는 하나님이 행하신 놀라운 일들이 그 "말"의 실질적 내용으로 자리하고 있다. 놀라운 표적들이 복음 자체는 아니지만, 이들은 나사렛 예수에 관한 복음이 참된 생명의 능력을 가졌다는 사실의 구체적 표현이었고 또 그 증거물이었다.

III. 십자가, 하나님의 능력

이제 바울서신으로 넘어가 보자. 바울의 편지 자체가 복음 선포의 일환이었지만, 이 편지들 속에서 그의 복음사역이 논의되기도 한다. 현명했던 과거를 회고하는 것은 현재의 어리석음을 폭로하고 치유하는 가장 효과적 방법 중 하나다. 그런 점에서, 바울의 편지가 많은 부분 이런 "회고"로 가득하다는 것은 지극히 자연스럽다. 바울의 선포를 통해 성령을 받고 믿음을 갖게 되었지만, 다양한 압력과 박해 아래서 첫 믿음의 순수한 열정을 지키기는 쉽지 않다. 자연 성도들은 다양한 형태의 유혹에 굴복했고, 요한계시록의 표현처럼, 그들의 "첫 사랑"을 버렸다계 2:4. 이런 위기 상황에서 바울은 편지를 쓰고, 그 속에서 지금 교회를 괴롭히는 문제를 염두에 두고 새로이 복음을 선포한다. 그리고 이 선포의 많은 부분은 그가 직접 복음을 선포했던 그 처음을 되새기는 내용이다.

1. 고린도전서

바울이 고린도전서에서 자신의 복음 선포에 관해 들려주는 이야기는 매우 의미심장하다. 잘 아는 것처럼, 고린도교회는 갈등과 분열이라는 치명적 문제에 시달렸다. 1:10 바울은 복음적 관점에서 이 문제를 풀고자 고군분투한다. 그러기에 이 위기는 역설적으로 복음의 복음다움이 더 날카롭게 드러나는 계기가 되기도 한다. 공동체 분열의 어리석음을 드러내기 위해 바울은 처음 고린도에서 복음을 전했던 자신의 모습을 회고한다.

고린도의 일부 성도들은 바울에게 직접 세례를 받았다는 사실을 대단한 자랑거리로 여겼다. 그리고 이 경험은 그들 나름의 우월감과 차별의 빌미로 작용했다. 하지만 이는 어리석다. 자랑의 근거를 잘못된 탓이다. 바울로부터 받은 세례가 소중하기는 하지만, 그렇다고 이 경험이 복음이라는 본질적 가치를 대체하는 것은 아니다. 바울이 그리스도처럼 십자가에 달린 것도 아니며, 성도들이 바울의 이름으로 세례를 받은 것도 아니다. 1:13 그래서 바울은 자신이 세례를 주었던 경험을 철저히 상대화시킨다. 1:14-16 그리스도께서 바울을 보내신 것은 세례를 주기 위해서가 아니라 복음을 전하기 위해서이다.

여기서 바울은 고린도 성도들의 행태와 자신의 행보를 선명하게 대조한다. 그는 "지혜로운 말로" 복음을 전하지 않았다. 그 이유는 분명하다. "그리스도의 십자가가 헛되지 않아야"하기 때문이다. 1:17 "십자가가 헛되다"는 것은 십자가의 십자가다움이 소실됨을 뜻한다. 물론, 십자가다움이란 십자가의 능력, 곧 십자가의 메시지가 매개하는 하나님의 능력을 가리킨다. 십자가의 말씀이 "멸망하는 자들에게는 어리석음"

이지만, "구원을 얻는 이들에게는 하나님의 능력"이다. 1:18 이 초월적 능력은 사람을 갈라놓는 모든 인간적 차별을 지운다. "부르심을 받은 우리들에게는, 유대인이들 헬라인이든, 십자가는 하나님의 능력이요, 하나님의 지혜다."1:24 일견 십자가에 달린 그리스도는 터무니없어 보인다. 자연 보다 그럴듯한 "말의 지혜"가 매력적으로 보인다. 하지만 세속적 가치로 십자가의 "어리석음"을 덮으려는 시도는 오히려 십자가의 능력을 상실하는 치명적 실수가 된다. 그래서 어리석음의 반대는 지혜가 아니라 능력이다. 참 지혜의 본질은 이론적, 추상적 설득력이 아니라, 십자가에 담긴 하나님의 능력이다. 바울의 선포는 이 "성령과 능력의 나타남"에 초점을 맞추었다. 2:4 그가 지혜로운 언어에 집착하지 않았던 이유가 바로 여기 있었다.

2. 믿음을 일으키는 하나님의 능력

바울이 고린도에서의 초기 목회를 회고하는 2장 앞부분은 바울의 이런 관심을 매우 선명하게 보여준다. 처음 고린도에서 복음을 선포할 때, 그는 현란한 말과 그럴듯한 지혜에 의존하지 않았다. 2:1, 4a 물론, 이는 일체의 수사와 지혜로움을 거부했다는 의미는 아니다. 오히려 이런 역설적 진술의 속내는 그가 십자가에 달리신 그리스도를 선명하게 선포하려 했다는 사실, 그래서 수사적 아름다움이나 설득력에 대한 집착이 어리석고 역겨운 십자가의 말씀을 방해하도록 허용하지 않았다는 말이다. 1:2 여기서 수사적 아름다움이나 설득력은 언어 자체의 아름다움이나 그럴듯함보다는 그런 웅변을 구사할 수 있는 웅변가의 존재감과 관련된다. 바울은 복음 선포의 과정에서 자신의 인간적 존재감이 복음에 그늘을 지우는 상황이 발생하지 않도록 조심했다.

3절의 진술이 바로 이 점을 잘 보여준다. 무게 넘치는 존재감은커녕, 처음 고린도에서 복음을 전할 때 그는 "약했고, 두려워했고, 매우 떨었다."2:3 바울의 이 회고는 결코 "대가의 겸손"이 아니다. 고린도후서에서 확인되는 것처럼, 실제 고린도의 일부 성도들은 바울의 서툰 말솜씨를 문제 삼았다. 그의 "편지는 무게가 있고 힘이 있지만, 직접 대할 때는 약하고 말주변이 없다."고후 10:10 그의 "서툰" 설교는 웅변에 능했던 아볼로의 유창한 설교와 대비되어, 더 신랄한 비판의 대상이 되었을 것이다. cf. 행 18:24, 28 이에 대해 바울은 멀리 떨어져 편지를 쓰는 자신이나 함께 있어 행동하던 자신이 같은 사람 아니냐고 항변하지만, 이것이 효과적인 변호가 되기는 어렵다. "내가 비록 말에는 서툴지만 지식 면에서는 그렇지 않다"는 항변도 역부족이다.고후 11:6 매우 실질적인 의미에서 바울의 설교는 존재감 넘치는 유창함과는 거리가 멀었다.

물론, 존재감의 결여 자체가 자랑거리는 아니다. 바울이 자신의 미약함을 강조하는 것은 그 미약함 자체가 무슨 소극적 미덕이어서가 아니라, 그 연약함을 배경으로 나타나는 복음 자체의 본질적 속성을 드러내기 위해서이다. 비록, 수사적 존재감은 약했을지 모르지만, 그럼에도 불구하고 그의 선포는 "성령과 능력의 나타남"을 동반한 것이었다. 2:4 바울서신에서 "능력"은 종종 성령과 더불어 나타나는 방언이나 치유 등과 같은 특이한 현상들을 가리킨다. 갈 3:5; 고후 12:12; 롬 15:18 이처럼 바울의 선포는 인간적 존재감 대신 하나님의 신적 존재감이 충만한 선포였다. 바울은 자신의 인간적 존재감으로 하나님의 존재감을 방해하는 잘못을 피하고자 했다. 따라서 그의 선포를 통해 생겨난 믿음은 결코 "사람의 지혜에 의한" 것일 수 없다. 이는 오로지 "하나님의 능력"이 나타난 결과다. 2:5

하지만 능력 체험이 모든 것을 해결하는 것은 아니다. 고린도 성도들은 영적 자부심에 넘쳤으면서도 실상은 세속적 가치에 기댄 경쟁적 삶으로부터 자유롭지 못했고, 그 결과 교회 내에서도 서로를 구별하며, 차별하고, 분열되는 모습을 드러냈다. 바울은 인간적 가치에 의존하고 집착하는 그들의 이런 태도를 "세속적"이라 규정한다. 3:1-4 바울은 고린도교인들의 이런 세속적 집착과 십자가를 대조한다. 성도들 자신의 낮은 사회경제적 위상을 지적하면서 하나님의 선택이 결코 그런 세속적 가치에 좌우되지 않았음을, 오히려 하나님의 주권적 은혜는 그런 세속적 가치를 폐기처분하는 것임을 분명히 한다1:6-31 물론, 약하고 어리석어 보이는 하나님의 은혜가 세상의 가치를 폐기할 수 있는 것은 하나님의 연약함이 세상의 힘보다 더 강하고, 하나님의 어리석음이 세상의 지혜보다 더 지혜롭기 때문이다. 이는 "연약하기 때문에 더 강하다"는 식의 궤변이 아니다. 십자가는 세속적 견지에서 어리석어 보일 뿐, 실제로는 하나님의 능력이었다. "성령과 능력의 나타남"을 동반한 역동적 메시지였던 것이다.

복음의 원리 대신 세속적 가치에 골몰하는 것이 어리석은 이유가 여기 있다. 생명의 원천을 버리고 생명과 무관한 헛된 가치에 집착하는 어리석음이다. 그들은 세속적 이유에서 특정 지도자를 편애했다. 하지만 바울은 고린도교회에 생명을 주시는 분은 바울도 아볼로도 아닌 하나님뿐임을 지적한다.cf. 고후 4:7 물론, 십자가가 드러내는 하나님의 생명력은 세상이 말하는 힘은 아니다. 세속적 힘과는 다르지만 분명한 능력이요, 삶을 새롭게 하는 하늘의 능력이다.

바울은 성도들의 삶에 바로 이런 능력을 주문한다. 이는 바울 자신이 고린도 성도들에게 실증했던 모습이기도 하다. 그래서 그는 디모데를 고린도로 파송한다. 그가 "그리스도 안에서 살아가는 나의 길[=생활방식]을 여러분에게 되새겨 주게끔" 하려는 것이었다.4:17 물론, 바울 자신도 고린도에 가고자 한다. 그 때, 그는 교만한 마음으로 분열하는 이들의 공허한 "말이 아니라 능력을 알아볼" 것이다4:18. "왜냐하면 하나님 나라는 말이 아니라 능력으로 상속하는 나라이기 때문이다."4:20

3. 성령을 가져다주는 믿음: 갈라디아서

하나님의 능력으로서의 복음에 대한 바울의 신념은 갈라디아서에서도 매우 선명하게 드러난다. 바울은 지금 갈라디아 성도들이 은혜로 그들을 불러주신 하나님을 떠나 가짜 복음에로 기울어지고 있다고 질책한다. 1:6 물론 갈라디아 성도들이나 그 배후의 선동자들은 바울의 이런 판단에 동의하지 않았을 것이다. 그들은 할례를 받고 율법 아래 놓이고자 했을 뿐, 하나님을 떠날 의사는 없었기 때문이다. 4:21; 5:2-4 하지만 바울의 관점 역시 선명하다. 그들이 능력의 원천이신 하나님을 떠나, 생명을 주지 못하는 헛된 가치에 현혹되고 있다. cf. 렘 2:13 바울은 현재 성도들의 행태가 교리적 타당성을 묻는 것이 아니다. 바울의 비판은 그들이 참 생명의 유일한 원천을 버리고 헛된 세상의 가치로 회귀하고 있음을 꾸짖는다. 비록, 그 대상이 율법이라 해도, 이런 원칙은 달라지지 않는다.

갈라디아인들을 향한 직접적인 논증은 3:1-5에서 시작된다. 바울은 성도들의 어리석음에 말문이 막힌다. 그리스도의 십자가를 선명히 선포하고, 이를 통해 아름다운 공동체를 이루었는데, 이제 와서 그들은 엉뚱한 생각에 현혹되고 말았다. 2절과 5절에 반복되는 바울의 질문은 그들의 어리석음을 매우 정확하게 드러낸다.

여러분이 성령을 받은 것이 율법의 행위들을 통해서입니까, 아니면 듣고 믿어서입니까?

여러분에게 성령을 주시고, 여러분 가운데서 능력을 행하신 하나님, 그 하나님의 능력이 율법의 행위들을 통해서입니까, 듣고 믿어서입니까?

지금 갈라디아인들은 "의의 소망"이라는 목표를 두고 "율법의 행위들"과 "예수 그리스도를 믿음" 사이에서 갈팡질팡한다. 2:16; 5:5 그런데 바울은 이 물음을 성령에 관한 물음으로 해석한다. "내가 여러분에게 이것 하나만 물어 보겠다" 하는 도입구는 바로 이 물음이 사태 해결에 가장 결정적인 물음임을 말해준다. 3:2 곧 어떻게 의롭다 하심을 얻는가에 대한 물음은 성령을 어떻게 받는가 하는 물음으로 대답할 수 있다.

물론, 믿음이 칭의의 해답이고 율법의 행위들은 그 해답이 아니다. 믿음은 성령을 가져다주지만, 율법의 행위들은 그렇지 못하기 때문이다. 이는 곧 성령이 칭의의 열쇠임을 의미한다. 바울은 "율법의 행위들"에 의존하는 것이 믿음의 충분성을 교리적으로 부정하는 행위라거나, 그것이 이방인을 차별하는 배타적 행위라고 말하는 것이 아니다. 오히려 바울은 그것이 성령의 통로가 아니라는 단순하지만 결정적인 사실을 지적하는 것이다.

물론, 믿음은 십자가에 달리신 그리스도를 믿는 믿음이다. 그래서 율법의 행위들과 믿음 간의 대립은 율법의 행위들과 십자가 사이의 대립이기도 하다. 여기서도 바울의 결론은 동일하다. 율법의 행위들은 저주를 이룬다. 3:10 반면, 십자가는 우리를 율법의 저주에서 속량한다. 3:13 하지만 속량이 끝이 아니다. 오히려 이 십자가는 그 속에 중대한 목적을 품고 있다. 두 개의 목적절로 이루어진 3장 14절은 십자가-속량의 목적을 두 가지로 설명한다. 첫째는 아브라함의 복, 곧 믿음으로 의롭다 하심을 얻는 복이 이방인에게로 확장되는 것이다. 이것은 이방인도 믿음으로 의롭다 하심을 얻는다는 3:6-9절의 논증을 십자가의 효과로 새롭게 표현한 것이다. 두 번째로, 우리로 하여금 믿음을 통해 성령을 받도록 하기 위해서다. 이 짧은 한 구절은 바울의 복음을 제대로 이해하는데 가장 결정적인 구절 중 하나다. 십자가 죽음과 율법의 저주로부터의 속량은 그 자체로 끝나지 않고, 성령 주심이라는 또 다른 단계로 이어진다. 곧 예수께서 십자가에 달리신 목적은 우리에게 성령을 주시기 위해서였다. 십자가의 의미가 율법의 저주로부터의 속량으로 국한될 수 없다. 오히려 바울의 생각 속에서 십자가의 결정적 의미는 그것이 성령의 원천이 된다는 사실에 있다.

3:10-14절과 유사한 논증인 4:1-7절 역시 마찬가지다. 3장에서와는 달리, 여기서는 "율법의 저주" 대신 그냥 "율법" 자체로부터의 속량이 논의된다. 때가 되어 하나님은 그 아들을 율법 아래 보내셨다. 이 보내심은 우리를 율법으로부터 속량하는 사건

이다. 4:4 이 속량으로 인해 우리는 노예의 신분을 벗고 하나님의 자녀로 입양된다. 4:5 따라서 우리는 더 이상 종이 아니라 하나님의 자녀이며, 자녀이기 때문에 하나님의 상속자가 된다. 4:7 하지만 이런 깔끔한 논리는 6절을 고려하지 않은 것이다. 실제 바울의 논증은 율법으로부터의 해방과 자녀로의 입양5절에서 자녀/상속자7절로 바로 이행하는 대신, 성령에 관한 6절의 논증을 경유한다. 우리가 종이 아니므로 하나님께서 그 아들의 영을 우리 마음 가운데 보내셨고, 이 영을 통해 우리는 아바 아버지를 부르며 하나님의 자녀로 살아간다. 그 후에야 비로소 자녀/상속자라는 최종적 결론이 등장한다. 그러니까 바울은 우리를 자녀/상속자로 만들기 위한 하나님의 한 행동에 두 개의 연결 동작을 포함시킨다. 곧 "그 아들을 보내시는" 동작과 "그 아들의 영을 보내시는" 동작이다. 이처럼 바울의 생각 속에서 그리스도의 오심과 성령의 오심은 분리되지 않는다. 우리가 3장 14절에서 보았던 바로 그 논점, 그리고 3:1-5절에서 확인했던 바로 그 논점이다.

결국 의의 소망, 하나님 나라 혹은 영생이라 불리는 종말론적 구원에 이르는 열쇠는 성령이다. 5장 5절은 바울의 이런 관점을 정확하게 요약해 줍니다.

우리는 믿음에서 나는 성령으로 의의 소망을 기다립니다.

사라와 하갈의 알레고리에서 보듯,4:21-31 육체로 난 자가 아니라 약속으로 난 자만이 구원의 상속자다. 물론, "약속으로" 태어났다는 것은 그 약속을 이루시는 하나님의 능력을 전제한다. 그래서 "약속으로" 태어난 이삭은 동시에 "성령으로 태어난" 아들로 불린다. 4:28-29 로마서 식으로 말하자면, 이삭은 하나님께서 죽은 아브라함의 몸과 죽은 사라의 태를 되살려 태어나게 하신 아들이다. 성령을 받고 하나님의 자녀가 된 갈라디아인들 역시 그 점에서는 이삭과 같다. 그런데 그들이 지금 성령을 따라

사는 삶을 팽개치고 육체적인 가치들로 기울어지고 있다.

4. 성령을 떠나 육체로?

그렇다면 갈라디아의 위기는 한 마디로 성령의 위기다. "성령으로 시작했다가 이제 와서 육체로 끝내려는" 어리석음이다. 3:3 이것이 위험한 이유는 성령이 아니고서는 의의 소망에 이를 다른 방법이 없기 때문이다. 5:5; 6:7-8 지금 그들이 의존하는 율법 혹은 율법의 행위들은 성령의 원천이 아니다. 만약 그랬다면 율법이 칭의를 위한 해답이었을 것이다.

> 만약 생명을 줄 능력을 가진 율법을 주셨더라면 의로움이 율법을 통해 왔을 것이다.(3:21)

물론, 이는 사실과 반대되는 가정이다. cf. 3:18 율법은 생명을 주기 위해서가 아니라 우리를 죄 아래 가두기 위해 주어졌고, 우리를 의롭게 만들기 위해서가 아니라 정죄하기 위해서 주어졌다. 그래서 율법은 죄인을 가두고 감시하는 간수요, 어린아이를 감시하는 가정교사에 비유된다. 3:21-25 이런 율법에서 생명을 기대할 수는 없다. 의의 소망에 이르자고 이런 율법의 행위들에 의존하는 것은 그 소망을 포기하는 행위다. 그래서 바울은 당혹스럽다. 1:6 "여러분이 그렇게 어리석습니까?" 3:1, 3

생명을 주지 못하는 가치들에 의존하는 것은 성령과 무관한 "육체"의 영역으로 떨어지는 일이다. 5:16 세속적 가치들은 그 생명력 때문이 아니라 그 인공적 가치, 곧 사람들 간의 경쟁에 유용하다는 사실 때문에 중요하게 취급된다. 5:26 참고 할례를 받고, 안식일을 지키며, 음식규정을 지키면서 유대인처럼 산다는 것이 그런 가치 중 하나다. 이는 유대인과 이방인을 구별하고 차별하는 데는 중요하겠지만, 그런 구분이 생명을 주지는 못한다. 서로 경쟁하는 데는 유용하겠지만, 실상은 사람들끼리 만들어 낸 "헛된 영예"에 불과하다. 5:26

따라서 율법 아래 놓이는 것은 성령의 원천인 십자가와 믿음 이전의 상태로 회귀하는 것과 같다. 하나님의 율법조차도 "세상의 초보적 원리들"과 함께 얽힌다. 4:3 "무기력하고 빈약하여" 생명을 줄 수 없다는 점에서는 이들 세상의 원리들과 다를 바 없기 때문이다. 4:9 이것이 율법에 대한 바울의 비판이다. 율법에의 호소가 교리적으로 믿음을 부정하는 행위여서가 아니라, 생명의 성령을 주지 못하는 가짜 해답을 진짜 해답으로 착각하는 어리석음이요, 결과적으로 육체의 영역으로 회귀하는 어리석음이다. 그래서 바울은 율법을 육체와 같은 자리에 놓고, 5:16, 18 "율법의 행위들"을 연상시키는 "육체의 행위들"에 관해 이야기한다. 2:16; 3:10; 5:19 그 결과는 동물적 경쟁과 시기라는 허망한 삶으로 떨어지는 것이며, 성령이 조성한 새로운 삶을 망가뜨리는 것이다. 5:15, 26 바울은 이를 "그리스도의 형상"을 상실하는 것으로 표현한다. 4:19 구원론적으로 말하자면, 의의 소망을 포기하는 어리석음이다.

성령을 따라 사는 삶은 이기적 죄인인 우리의 본성에 어긋난다. 그보다는 세속적 가치에 의존하는 것이 훨씬 더 쉽다. 그래서 우리는 성령을 따라 살지 않으면서 영적인 외양을 제공해 주는 다양한 방식들을 고안해 낸다. 유대인이라는 외면적 정체성에 집착하는 것 역시 그런 방식 중 하나이다. 물론 이는 사람들 사이에서만 그럴 듯해 보이는 세속적 "환상"일 뿐이다. 정작 하나님은 "외모"를 따지지 않는 분이기 때문이다.

5. 생명을 창조하는 하나님을 향한 믿음

앞서 인용했던 로마서의 구절로 돌아가 보자. "나는 복음을 부끄러워하지 않습니다. 왜냐하면 이 복음은 모든 믿는 자를 구원에 이르게 하시는 하나님의 능력이기 때문입니다." 1:16 바울이 복음을 자랑했던 이유, 곧 그가 복음을 참된 진리로 확신했던 이유는 이 복음 속에 하나님의 능력이 나타나기 때문이었다. 그래서 바울은 이 복음을 전한다. 1:15 그리고 이 능력은 그의 복음 선포 사역에서 다양한 방식으로 그 위력을 드러냈다. 바울은 바로 이 사실을 자신의 사도직분에 대한 공적 증거로 제시한다.

> 그리스도께서 이방 사람들을 복종하게 하시려고 나를 시켜서 이루어 놓으신 것 밖에는, 아무것도 감히 말하지 않겠습니다. 그 일은 말과 행동으로, 표징과 이적의 능력으로, 성령의 권능으로 이루어졌습니다. 그래서 나는, 예루살렘에서 일루리곤에 이르기까지 두루 다니면서, 그리스도의 복음을 남김없이 전파하였습니다.(롬 15:18-19, 새번역)

> 나는 여러분과 함께 있을 때에 백방으로 참고 견디면서 표징과 놀라운 일과 기적을 행하여 내가 진정 사도라는 증거를 보여주었습니다.(고후 12:12, 공동 개정)

바울은 이처럼 능력 있는 사역을 통해 이방인들을 "믿음의 순종"에로 이끌고자 했다. 롬 1:5; 16:26 아브라함의 경우에서 확인되듯, 그가 말하는 믿음은 "죽은 자를 살리시며, 없는 것을 있는 것처럼 부르시는" 하나님, 곧 창조와 부활의 하나님을 향한 믿음이었다. 롬 4:17 바로 이 부활신앙이 아브라함과 신약의 신자들을 이어준다. 신약의 신자들 역시 예수의 부활을 믿음으로써 아브라함과 같은 하나님을 믿기 때문이다. 롬 4:24-25 바울은 바로 이 부활의 믿음이 우리를 의롭게 하고 구원하는 믿음이라고 말한다. 롬 10:9-10

창조와 부활의 하나님을 믿는 믿음은 죄와 죽음이 대세인 세상에서는 믿기 어렵다. 자기 몸이 죽고 아내의 태가 죽은 상황에서 하나님의 약속을 믿기 어려웠던 아브라함의 경우와 같다. 하지만 이런 불가능의 상황에서 하나님은 그의 백성들을 찾아오신다. 그리고는 생명을 창조한다. 예수의 십자가와 부활은 하나님의 구원 행동의 절정이다. 성경은 이것을 복음이라 부른다. 이것이 바로 바울이 선포한 복음의 본질이었다.

IV. 나가는 말: 믿음을 일깨우는 설교

신약성경은 천지를 창조하시고 아브라함과 사라에게서 아들이 태어나게 하신 그 하나님이 예수 그리스도를 죽은 자 가운데서 살리셨다고 증언한다. 하나님의 이 생명은 나사렛 예수의 사역을 통해, 그리고 그의 뒤를 따른 사도들의 증언을 통해 교회를 일으키고 사람을 변화시키는 역동적 능력으로 나타났다. 오늘의 설교자들은 바로 그 이야기에 참여하며, 그 이야기를 들려주는 증인으로 선다. 오늘의 세계도 일 세기 당시의 세계만큼이나 하나님의 능력을 갈망한다. 우리의 상황도 그들의 상황만큼이나 절망적이다. 그래서 우리 역시 동일한 이야기를 바라본다. 예수를 통해, 그리고 그의 사도들을 통해 놀라운 일을 행하신 하나님을 묵상하고 선포하며, 그 하나님의 약속이 우리 삶 속에 구현되기를 기대한다. 물론, 이 능력은 세속적 힘과는 다르다. 바울의 삶이 말해주듯, 십자가의 생명은 세상이 익숙한 욕망의 논리와 어긋난다. 오히려 욕망의 절제를 말하고, 인내를 말하며, 관용을 말하고, 용서를 말한다. 갈 5:24 약육강식의 논리가 지배하는 세상에서는 "정신 나간" 행동이다. 지극히 어리석고 연약해 보이다. 하지만 이런 삶은 그저 세상적 수단을 갖지 못한 패배자의 행보와 다르다. 오히려 세찬 강물을 거슬러 올라가는 물고기처럼, 세상의 물결을 거슬러 올라가는 데는 그 무엇보다 강력한 능력이 요구된다. 복음을 아는 사람들에게는 예수의 십자가와 부활이 바로 그 능력이다. 그리고 이 능력은 오늘 우리에게도 여전히 유효한 약속이다. 신약성경은 우리가 바로 이 생명을 선포해야 한다고 가르친다.

당연한 이야기지만, 생명의 선포는 말로 완결되지 않는다. 예수께서 그랬고, 베드로가 그랬고, 바울이 그랬던 것처럼, 제대로 된 "선포"는 그 복음을 삶으로 담아 보여주는 과정을 포함한다. 그러기에 복음은 듣고 믿는 것이기도 하고, 보고 본받는 것이기도 하다. 살전 1:6; 고전 4:16; 11:1; 갈 4:12; 빌 3:17 이 부분에서 우리의 선포가 어긋날 때, 사람들은 우리의 선포에서 아무 힘도 없는 공허한 울림만 느낄 것이다. 우리의 종교적 수사가 아름다울수록, 우리의 무기력함이 더욱 뼈아프게 다가올 것이다. 최근의 몇몇 불미스러운 목사들에게서 보는 것처럼, 이런 사람들의 설교는 "믿음을 일깨우는 선포" 대신 "절망을 정당화하는 궤변"으로 전락한다. 삶의 언어를 잃은 설교는 사탄이 가장 즐겨 사용하는 수단이다. 성령에 충만한 설교자가 사탄에게 위험한 것처럼, 실천적 무신론자의 설교처럼 사탄에게 유용한 것도 없다. 이 문제를 직면하고, 이 점에서 우리의 입장을 분명히 하지 않으면, 우리 역시 하나마나 한 설교를 되뇌는 "순서담당자"에 머물 것이다.

복음 선포 혹은 설교에 관한 신약성서의 가르침은 선명하다. 그만큼 현재 우리가 겪고 있는 위기의 본질도 선명하다. 곧 복음의 능력을 상실했다는 위기상황이다. 설교자로서 우리의 책임은 우리의 삶에서 복음의 생명력을 회복하고, 이로써 우리 선포에 새로운 생명력과 확신을 불어 넣는 것, 그리하여 성도들의 마음과 삶에 생명과 부활의 하나님을 새겨 넣는 것이다. 우리의 이런 선포를 통해 하나님의 생명이 역사하리라는 기대를 갖고서 말이다. 우리 스스로가 이런 기대 혹은 "확신"을 잃을 때, 우리에게는 아무런 일도 일어나지 않을 것이다. 많은 설교자들은 마음 깊은 곳에 이런 불신을 감추고 있다는 인상을 드러낸다. 그렇다면 믿음이 없는 우리를 꾸짖으시는 예수님 앞에 엎드려 이런 기도를 드려야 할지 모르겠다.

내가 믿습니다. 저의 믿음 없는 것을 도와주십시오!(막 9:24)

2장
한국교회 설교, 그 일탈의 역사

배덕만
건신대학원대학교 교회사

한국교회 설교, 그 일탈의 역사

배덕만

I. 들어가는 말

한국교회의 위기를 말하는 소리는 더 이상 낯설지도, 위협적이지도 않다. 한국교회 설교의 병폐를 질타하는 비판도 마찬가지다. 그럼에도, 한국교회와 설교는 변화의 조짐이 없다. 그래서 더 답답하고 황당하다. 그렇다고 교회를 포기할 수 없기 때문에, 설교의 가치와 중요성도 폄하할 수 없기 때문에, 교회와 설교의 갱신을 위한 노력은 이 시대 모든 그리스도인들에게 주어진 과제임에 틀림없다.

한국교회 설교의 문제점을 지적하고 대안을 모색하는 노력은 이미 한국교회와 신학계의 관행이 되었고, 뛰어난 전문가들과 유용한 연구물들도 제법 축적되었다. 하지만 한국교회 설교의 현실을 한국교회사 전체 속에서 조망하며 포괄적으로 연구한 작업은 생각보다 많지 않다.[1] 이런 맥락에서, 이 글은 현재 위기에 처한 한국교회

---

1) 문성모, 『한국교회 설교자 33인에게 배우는 설교』 (서울: 두란노, 2012)은 긍정적 시각으로 한국교회 설교자들의 특징을 간략히 소개했다. 반면, 정용섭은 비판적 시각에서, 『속빈 설교 꽉 찬 설교』 (서울: 대한기독교서회, 2006), 『설교와 선동 사이에서』 (서울: 대한기독교서회, 2007), 『설교의 절망과 희망』 (서울: 대한기독교서회, 2008)을 연속적으로 출판했다. 한국교회 설교를 역사학적 관점에서 연구한 논문은 이상규, "한국교회

설교의 문제들에 관심을 집중하되, 한국교회사 전체의 흐름 속에서 그것의 연속성과 불연속성을 함께 조망하고자 한다. 이를 통해, 현재 우리의 설교가 직면한 문제의 기원과 특징, 발전과 왜곡, 그리고 대안과 희망을 간략히 제시할 수 있길 바란다.

II. 한국교회 설교의 역사

1. 1884-1930

한국교회에 선교사들이 공식적으로 입국한 것은 1884년이지만, 이미 1874년에 4명의 한국인들이 만주에서 스코틀랜드 선교사들에 의해 세례를 받았고, 1883년에 한국인들의 손으로 황해도 장연에 최초의 교회가 세워졌다. 그럼에도, 한동안 한국교회는 선교사들의 지도하에 있었고, 감리교에서 1901년, 장로교에서 1907년에 최초의 한국인 목사가 탄생하기 전까지, 주된 설교자들도 선교사들이었다.

한국에 선교사들의 영향 하에 교회가 세워지던 시기는 조선왕조가 몰락하던 시기와 일치한다. 조선왕조는 임오군란1882, 갑신정변1884, 동학운동1894, 청일전쟁1894, 을미사변1895, 아관파천1896, 대한제국1897, 을사조약1905, 한일신협약1907, 한일합방1910 같은 정치적 격변을 경험했고, 한국교회는 선교사들을 중심으로 교회, 학교, 병원 등을 설립하며, 원산부흥운동1903, 평양부흥운동1907, 100만인 구령운동1909을 전개했다.

이런 시기에 주된 설교자들은 언더우드, 클락, 모펫, 블레어, 레이놀즈 등이었다. 그들은 주로 복음과 영생, 속죄, 구원, 하나님의 사랑 등을 설교했으며, 예화중심의 주제 혹은 제목설교가 주된 설교형식이었다. 이상규 교수에 따르면, "이런 초기 교회적

에서의 설교, 그 역사와 평가"(2006)(http://blog.naver.com/kaikk/70009424737, 2015년 6월 10일 접속)와 류응렬, "한국교회 설교의 역사적 흐름과 성경적 설교를 위한 제언" 『신학지남』 (2011년 겨울호)가 있다.

설교경향은 1970년대까지 주된 설교양식이 되었다."2) 1918년에 창간된 평양신학교의 학술지 『신학지남』에 선교사들의 설교가 수록되기 시작했고, 1920년에 선교사 언더우드 Horace G. Underwood의 설교집 『원두우 강도취집』이 한국최초의 설교집으로 출판되었다. 1906년 10월에 열린 한 부흥집회에서 저다인 선교사가 행한 설교에 대한 프레스톤 선교사의 기록은 당시 선교사들의 설교의 한 특징을 보여준다.

> 그는 성령이 충만한 사람이었고, 그의 설교에는 성령의 현시와 능력이 나타났다. 성령께서 그를 통해 하나님의 말씀을 취하시고 의를 논증해 내서는 절제, 죄성의 심판, 죄 사함의 필요성, 죽음 같은 정적이 모두에게 임하였으며, 그리고 그것은 마치 하나님의 말씀이 외과용 수술 칼처럼 사람의 심령을 깊이 짜개어 은밀한 죄악들과 영혼의 숨겨진 암세포들을 적나라하게 드러내고는 그것들을 도려내는 것 같았다. 그런 후에 죄의 고백이 수십 명의 괴로워하는 영혼들에게 임해 힘 있는 남자들도 마치 어린아이처럼 울었다.3)

한편, 선교사들 사역의 열매로 1900년 이후 한국인 목사들이 배출되기 시작했다. 서경조, 한석진, 양전백, 방기창, 길선주, 이기풍, 송린서, 김익두, 전덕기, 최병헌, 김종우, 윤치호 등이 대표적인 한국인 설교자들로 활약했다. 하지만 아직 신학교육이 충분하지 못하고, 설교자로서의 경력도 짧았기 때문에, 그들의 설교는 대체로 선교사들의 설교를 모방하는 수준에 머물렀다. 제목중심의 풍유적 설교와 유비적 설교가 주를 이루었으며, 도덕적 요소가 강했다. 하지만 아직까지 유교 및 봉건적 사상의 잔재가 강하게 남아 있었기 때문에, 위기에 처한 왕조를 염려하던 충군애국적 성

---

2) 이상규, "한국교회에서의 설교, 그 역사와 평가"
3) J. F. Preston, "A Notable Meeting," *The Missionary Review of the World* (January, 1907), 228. 박용규, 『평양대부흥운동』 (서울: 생명의 말씀사, 2000), 194에서 재인용.

격도 짙었다.[4)]

2. 1931-1945

한국교회의 역사가 50년 가까이 축적되면서, 교회 내의 역학구도도 선교사 중심에서 한국인 중심으로 상당히 변모했다. 교인수가 증가하면서 한국인 지도자들의 수도 급증했으며, 교파, 신학, 신앙유형도 매우 다양해졌다. 이런 변화는 고스란히 설교의 내용과 형식에도 변화를 가져왔다. 물론, 여전히 선교사들의 영향이 강하게 남아 있었지만, 뛰어난 영성과 지도력을 겸비한 한국인 설교자들도 다수 출현하여 전국적인 명성을 얻었다. 비로서, 선교사의 통제 하에서 벗어난 한국적 설교가 본격적으로 발전하기 시작한 것이다.

당시의 설교문화는 일본의 식민지배가 고착화되고, 일제의 침략전쟁이 확대되던 당시의 정치상황과 무관할 수 없었다. 3.1운동1919, 임시정부수립1919, 만주사변1931, 신사참배1935, 중일전쟁1937, 민족말살정책**중일전쟁 이후**, 태평양전쟁1941 의 터널을 통과하면서, 한국교회는 길선주, 김익두, 이용도로 이어지는 부흥운동, 김장호, 김춘배, 정경옥, 김재준으로 이어지는 자유주의신학, 김성도, 백남주, 김백문으로 이어지는 신비주의, 그리고 함석헌, 송두용, 김교신 등이 함께 한 무교회운동, 이용도, 최태용, 곽재근으로 이어진 민족교회운동, 그리고 주기철, 한상동, 손양원 등으로 확장된 신사참배거부운동 등으로 빠르게 분화되었다.

이런 한국교회의 분화현상은 설교에도 직접적으로 영향을 끼쳤다. 즉, 1907년의 부흥운동을 계승하여 한국교회는 지속적으로 부흥운동의 영향 하에 있었고, 부

[4)] 류웅렬은 1920년에 한국기독교 최초의 설교집으로 출판된 『백목강연』에 소개된 설교들을 분석하고, 초기 한국교회 설교의 특징을 '(1)민족의 구원과 자각을 일깨우는 설교, (2)민족의 갈길을 밝혀주는 설교, (3) 새로운 윤리의 표준으로서 예수를 설교'라고 정리했다. 류웅렬, 239-40.

흥사들의 "복음적 설교"가 강단의 주류를 형성했다. 대표적 부흥사였던 길선주 목사의 다음 설교는 그런 흐름을 단적으로 보여준다.[5]

> 신자는 먼저 하나님을 기쁘게 하여야 자신에게도 위안과 희열이 이르는 것입니다. 어떻게 하나님을 기쁘게 할까요? 제1은 신앙이니, '신앙이 없은즉 하나님을 기쁘게 못하나니... 또한 그가 자기를 찾는 자에게 상 주시는 것을 신앙하여야 할지니라.' 하고 바울은 히브리서 11장 6절에서 증거하여 가르치고, 빌립보 사람들에게 편지하여 자신은 극히 곤란한 중에도 성신으로 기뻐하는 것을 증거하였습니다. 이는 다 신앙의 기쁨이니 우리의 신앙이 하나님을 기쁘게 하고 우리에게 진정한 희열이 될 것입니다.[6]

하지만 성경에 대한 문자적 혹은 유비적 해석에 근거한 기존의 설교형식과 달리, 자유주의 신학의 출현으로 성경본문에 대한 비판적 연구와 해석의 길이 열렸으며, 민족주의와 비판적 교회론, 그리고 진지한 성경연구를 결합한 무교회운동은 민족과 시대적 상황을 배경으로 성경을 이해하는 새로운 방향을 제시했다. 뿐만 아니라, 신사참배강요에 직면했던 목회자들은 민족주의와 종말론을 배경으로 저항적 메시지를 선포했고, 선교사들의 영향력에 반기를 들었던 민족교회운동은 한국교회의 주체성과 독립을 강조했다. 하지만 그것이 일제에 대한 조직적 저항운동으로 발전하진 않았다. 뿐만 아니라, 평양과 철산에서 시작된 자생적 성령운동과 해외에서 유입된 오순절운동, 그리고 기존의 성결교회 중심의 성령운동은 묵시적 종말론을 배경으로, 은사주의적·내세지향적 설교를 유행시켰다.

---

5) 류응렬 교수는 설교자로서 길선주 목사의 위상을 이렇게 규정한다. "길선주 목사는 서양 선교사들이 한국교회를 주도하고 있을 때 한국적인 설교를 시도한 최초의 인물이라고 평가할 수 있을 것이다." "한국교회 설교의 역사적 흐름과 성경적 설교를 위한 제언," 242.
6) 길선주, "신자의 3대 본분," 『길선주』, KIATS 엮음 (서울: 홍성사, 2008), 138-39.

3. 1945-1960

일제 말기에 대다수의 한국교회가 신사참배에 순응했고, 일제의 강력한 교회통제와 전시동원체제에 협력했던 한국교회에게 해방과 군정은 축복과 절망이 혼재했던 그야 말로 '혼돈의 시기'였다. 무너졌던 교회를 재건해야 했지만, 교회는 이미 신사참배참여자와 반대자, 신학적 보수주의자와 진보주의자, 친일경력자와 반일운동가, 돌아온 선교사와 한국교회 지도자, 민족주의자와 공산주의자, 북한교회와 남한교회 사이의 갈등과 대립으로 극심한 혼란을 겪었다.

이런 혼란은 해방과 군정을 거치면서, 한국교회가 한국정치의 중심으로 편입되면서 더욱 심화되고 복잡해졌다. 해방과 군정1945, 제주4.3사건1948, 정부수립1948, 한국전쟁1950, 4.19혁명1960이란 역사의 터널을 통과하면서, 한국사회는 중세적 봉건사회에서 전체주의적 식민체제를 거쳐, 민주공화국으로 변모했다. 일제의 잔재가 청산되지 않은 가운데, 냉전체제 속에서 반공사회로 재편되었고, 전통적 농업사회에서 산업자본주의사회로 재구성되었다. 뿐만 아니라, 일제를 상대로 투쟁했던 무장세력이 동족상잔의 주체세력으로 탈바꿈했으며, 일본의 식민지에서 미국의 우방으로 신분과 소속이 변경되었다.

이 시기에 한국교회도 이념, 신학, 신앙양태에 따라 여러 분파로 분열했고, 그것이 설교에도 그대로 반영되었다. 해방 직후, 한국교회의 최대 과제는 교회와 국가의 재건이었기 때문에, 친일의 죄를 반성하고 국가재건에 협력해야 한다는 내용의 설교가 많았다. 대표적인 경우가 한경직 목사였다.

오늘의 기독교인은 잠잠합니다. 최선의 정치 이념이 우리에게 있음에도 불구하고 왜 이다지도 퇴영적입니까? 좀 더 주도성을 가집시다. 십자가를 지고서 노동운동도 좋고, 정치운동도 좋습니다. 전후에 있어서 각국에는 기독교 민주당이 일어나 주도성을 가지고

활발히 움직이는 것을 보세요. 일어나 일하세요.7)

하지만 해방 직후 극심한 좌우대립 속에서, 특히 남한교회가 월남한 북한기독교인들에 의해 재구성되고, 한국전쟁의 참상을 겪으면서, 반공주의가 한국교회 설교의 핵심으로 급부상했다.8) 물론, 이에 대해 경계하는 목소리들도 있었지만,9) 이런 흐름을 바꾸진 못했다. 또한 이 시기에, 나운몽, 양도천, 박태선, 조용기 등의 영향 하에 은사주의적 성령운동이 크게 유행했다. 이것은 전쟁과 구호물자와 만나면서 한국교회에 기복주의가 빠르게 확산되는 토대가 마련되었고, 그것은 부흥사들뿐 아니라, 일반교회 설교자들의 중심 메시지로 빠르게 자리 잡았다.10)

4. 1961-1992

5.16군사정변으로 4.19정신이 말살되면서, 한국사회는 장기간의 군부 통치기에 들어갔다. 박정희 정권은 경제개발과 한국형 민주주의를 추구하면서, 민족, 자주, 통일을 부르짖었지만, 민주주의와 통일운동은 억압되고, 그의 공적으로 추앙되는 경제성장은 철저하게 노동자들의 희생과 억압의 결과였다. 전태일의 죽음1970, 동일방

---

7) 한경직, "기독교와 정치," 27. 허명섭, 69에서 재인용.
8) "자유민주국가의 첫째 되는 원수는 공산당입니다....우리는 이 자유를 확보하려면 이 자유의 첫째 되는 원수를 격멸해야 합니다. 이 공산당이야말로 우주에서는 하나님의 존재를 부인하고 인간에게서는 영혼의 존재를 부인하며 국가체제 안에서는 자유를 온전히 부정하는 극악의 사상이요 사회체제입니다. 그러므로 하나님의 영광을 위하여 이러한 사상을 뿌리 뽑아야 합니다." 한경직, 『한경직 목사 설교전집』 12권 (서울: 대한예수교장로교회 총교교육부, 1971), 347.
9) "우리는 경성해야 하겠다. 교회에 경성해야 하겠다. 모든 교직의 이름을 가진 형제자매들이여 분연히 이 성직에 돌아올 것이며, 분연히 이 성직의 사명을 다해야 하겠다. 과거 일정시대에는 거기에 아첨하여 시세를 맞추고, 이제는 외국군 주둔의 기회를 이용하여 무슨 영예나 이권을 얻는데 급급한 것이 우리의 취할 것이 아니다...우리는 이 복음을 들고 나서자. 사상의 좌우를 초월하며 당쟁의 시비에 간여할 것이 없이 복음으로써 모든 사람의 심령과 정신과 사상 일생활에 실제 성화의 원동력이 되도록 힘써야 할 것이다." 이건, "일꾼을 부르신다." 『활천』 중간 제2호 (1946년 6월): 4.
10) 김흥수, 『한국전쟁과 기복신앙확산연구』 (서울: 한국기독교역사연구소, 1999).

직 사건1978, YH사건1979은 찬란한 '100억 달러 수출달성'1977의 어두운 배경이었으며, 삼선개헌1969, 유신헌법과 긴급조치1972, 인혁당사건1975은 박정희의 "한국형 민주주의"의 실체였고, 10.26, 12.12, 5.18, 6.10은 그 "설국열차"의 마지막 칸들이었다.

이 시기에 한국교회에선 선교사들의 모습을 거의 찾아 볼 수 없었다. 한국교회의 주도권이 완전히 한국인들의 손으로 넘어왔기 때문이다. 대신, 1961년부터 1990년대 초까지 지속된 군부통치를 거치면서, 한국교회는 철저하게 친정부적 성향의 우익종교로 입지를 굳혔다. 1970년부터 박정희 정권에 대항한 예언자적 목회자와 신학자들이 출현했지만, Expolo'74를 필두로 시작된 초대형 전도집회, 전군신자화운동, 조찬기도회 등이 교회의 시대적 상징이 되었고, 여의도순복음교회를 중심으로 한 기복적 은사운동이 전국을 휩쓸었으며, 서울을 중심으로 대형교회들이 속속 출현했다. 번영신학과 교회성장학이 주류신학이었고, 부흥과 성장이 시대적 슬로건이었다.

그렇다면, 이 시기에 한국교회 설교의 모습은 어떠했을까? 정교유착 속에 한국교회는 성장에 총력을 기울였다. 국가적 지원과 경제성장을 배경으로, 대규모 전도집회와 부흥회가 전국교회를 지배하고, 은사체험과 기복주의를 토대로 한 성령운동이 맹위를 떨치면서, 한국교회 설교는 '축복=물질적 번영, 부흥=양적 성장, 성령=방언'이란 종교공식을 일반화·대중화했다. 김동호 목사의 주장처럼, "모이자, 돈내자, 집짓자"가 시대적 구호가 되었으며, 축복, 성장, 성령이 시대적 키워드로 강단을 지배했다. 하지만, 민중신학의 영향 하에, 정의, 평화, 민주를 외치는 목소리도 작지 않았다. 수적으로는 적었지만, 영향력은 결코 무시할 수 없었다. 뿐만 아니라, 1980년대 후반에 이르러, 기존의 문자적 해석, 예화중심, 제목/주제설교로 도배된 한국설교의 전통적 관행에 대한 비판적 성찰의 목소리가 터져 나오면서, 강해설교에 대한 관심이 급증했다.[11]

---

11) "한국교회 강단은 오랫동안 제목설교가 유행했으나, 이때부터 강해설교라는 이름이 강단에 등장했다. 해돈 로빈슨의 『강해설교』가 한국말로 번역이 되었으며, 그 뒤로 브라이언 채플의 『그리스도 중심의 설교』가 번역

결코, 이 시대를 대표한다고 할 수 없지만, 분명히 이 시대의 보석 같은 존재였던 문익환 목사의 설교 한편을 소개한다. 1989년에 갈릴리교회 창립 3주년을 기념하는 예배에서, 누가복음18:1-8을 본문으로 행한 "과부의 기도"란 제목의 설교다.

이런 생각이 드는군요. 몸부림치다 보니, 나 혼자 몸부림치는 것이 아니라, 다 같이 풍랑을 만난 선객들처럼 서로 부둥켜안고 같이 몸부림 치고 있다는 것을 깨닫게 되었지요. 깨달음치고는 꽤 큰 깨달음이라고 하겠습니다. 몸부림이란 서로 상반되고, 이해관계, 편견, 사상, 입장들이 다 흘러 들어와서 녹는 용광로와도 같은 것이 아닐까요? 몸부림 속에서야말로 "내" 것 "네" 것이 "우리" 것이 되는 거죠. 아직 내 것, 네 것이 남아 있다면, 우리의 몸부림은 아직은 외톨이의 몸부림이 아닐까요? 전근대적인 소위 "실존적인" 몸부림이라고 해야 좋겠지요. 대중 속에서 대중과 같이 대중의 문제를 안고 몸부림치는 사람에게 내 것 네 것이 있을 수 없는 게 아니겠어요? 이 점에 있어서 우리는 아직 멀었다고 해야 하겠습니다.12)

III. 길을 잃은 설교들: 1993- 현재

1993년 김영삼 정부가 출범하면서, 공식적으로 한국사회에서 군부통치가 종식되었다. 하지만 1994년에 김일성의 갑작스런 사망으로 한반도에 전쟁위협이 고조되었고, 1997년에는 IMF 국가부도사태가 벌어지면서, 최대의 경제위기를 맞이했다.

되고 시드니 그레다누스의 『구속사적 설교의 원리』와 『구약의 그리스도 어떻게 설교할 것인가』 등의 책으로 구속사적 설교가 오랫동안 목회자들의 관심의 대상이 되었다." 류응렬, 250.
12) 문익환, "과부의 기도" (http://archives.kdemo.or.kr/View?pRegNo=00028553, 2015년 6월 일 접속)

1998-2008년까지 김대중, 노무현 정권이 연이어 집권하면서 경제가 회복되고 남북관계가 개선되었지만, 그 후 이명박과 박근혜로 이어진 보수정권의 광우병파동2008, 4대강정비사업2008, 천안함사건2010, 세월호사건2014 등을 겪으며, 극심한 혼란과 갈등의 시기를 보냈다.

 이 기간 동안, 한국교회도 정권교체의 격랑 속에서, 진보와 보수로 분열되고, 교회건축, 해외선교, 정교유착, 성장둔화, 윤리적 부패 등으로 치명적 위기에 처했다. 샘물교회 피랍사건은 한국교회의 선교운동에 결정적 제동이 되었으며, 이랜드사태는 기독교기업의 위상을 결정적으로 실추시켰고, 이명박 후보의 '간증정치'와 이에 대한 한국교회의 '장로대통령만들기운동'은 한국교회의 맹목적 권력의지를 폭로했다. 뿐만 아니라, 사랑의교회 건축과 오정현 목사의 논문표절 사건은 성장주의와 학벌주의에 함몰된 메가처치현상의 치부를, 그리고 전병욱 목사의 스캔들과 홍대새교회 개척은 바닥으로 떨어진 목회자의 윤리적 실체를 드러냈으며, 대형교회의 세습과 한기총의 파행은 한국교회 몰락의 가장 명백한 증거였다. 이제, 이런 한국교회의 변질과 추락이 설교를 통해 어떻게 표출되었는지 살펴보자.

1. 설교와 설교자
(1) 설교와 설교자의 분리

 최근 한국교회 설교의 가장 심각한 문제는 설교와 설교자가 분리된 현상이다. 예전중심의 가톨릭교회와 달리, 개신교예배는 설교가 중심이며, 이 설교는 설교자의 능력에 철저히 좌우된다. 결국, 예배를 중심으로 한 한국교회 전체에 설교자가 미치는 영향이 그만큼 절대적이란 뜻이다. 따라서 훌륭한 설교자를 통해 한국교회 전체가 복을 누리지만, 역으로 자격미달의 설교자가 강단을 지배할 경우, 그것이 끼치는 악영향도 엄청나다.

이런 맥락에서, 설교자 자신이나 다수의 성도들이 설교와 설교자를 구분하려는 의식, 혹은 관행은 한국교회 설교가 직면한 심각한 문제임에 틀림없다. 설교자가 설교에 절대적 영향을 끼침에도, 설교를 "하나님 말씀"으로, 설교자를 "대언자"라고 규정함으로써, 마치 설교와 설교자가 상관없는 것처럼 느끼게 한다. 설교를 행하는 '설교자'가 아니라, 설교의 내용인 '말씀'에 주목하라는 주장은 일견 경건하고 겸손한 태도로 보이지만, 설교자에게 설교에 대한 책임과 부담을 약화시키면서, 설교자의 윤리적·신학적 책임을 회피하게 만드는 결과도 초래할 수 있다. 이런 현상을 신광은 목사는 "메시지의 사효성"이라며 강력히 비판한다.

중요한 것은 매체나 통로가 아니라 메시지의 내용이 얼마나 복음적이냐이다 라고 말한다. 이는 메시지가 그 메시지를 전하는 매체나 사람과 분리되어 있다고 말하는 것이나 마찬가지다. 다시 말해, 메시지는 스스로 효력을 발휘한다는 것이다. 이것을 어려운 말로 메시지의 '사효성'(ex opere operato)이라고 할 것이다. 이 말은 약사가 문제가 있어도 약사가 전해 주는 약은 변함없이 효력이 있다는 것과 비슷한 뜻이다. 약사와 약의 효과는 별개다. 마찬가지로 복음 진리도 설교자나 복음 전도자와 분리되어 그 자체로 효과가 있다는 것이다. 이것이 가톨릭교회가 성사는 스스로 역사한다고 주장하는 것과 무슨 차이가 있을까? 가톨릭교회가 성례전을 사효화했다면, 개신교는 메시지를 사효화했다.[13]

(2) 목회현장에 종속된 설교자

개신교 예배의 핵심이 설교이기에, 목회의 중심도 자연스럽게 설교일 수밖에 없

---

13) 신광은, 『메가처치 논박』, (부천: 정연, 2009), 310-11.

다. 또한 목회는 교회가 위치한 지역, 그리고 교회를 구성하는 성도들의 삶과 밀접한 관계를 갖기 때문에, 설교자가 교회의 지역적 환경과 구성원들의 구체적 삶에 관심을 집중하고, 그것을 자신의 설교에 반영하는 것은 지극히 당연하다. 오히려 그렇지 않는 것이 이상하고 위험할 것이다. 하지만 설교자가 자신이 속한 교회의 특수한 이해관계나 세속적 욕망에 맹목적으로 굴복하여, 자신의 설교를 통해 그런 현실을 일방적으로 정당화하거나, 심지어 부추긴다면, 그것은 전혀 다른 문제가 된다.

현재, 한국교회 설교자들이 예언자적 기능과 제사장적 기능의 균형을 상실하고, 교회 안에서 비겁하고 무책임하게 제사장적 기능에만 몰두하는 것은 한국교회를 위해 치명적이다. 오히려, 요즘처럼, 한국교회가 맘몬주의와 우파이념에 경도되어 절체절명의 위기에 처한 상황에서, 설교자는 그 어느 때보다 회개와 반성을 촉구하는 예언자적 설교를 멈추지 말아야 한다. 하지만 그렇지 못한 것이 한국교회의 안타까운 현실이다. 이런 현실에 대해, 김회권 교수는 다음과 같이 통렬하게 비판한다. 문제의 책임을 교회에게 돌리는 것 같은 마지막 문장은 전적으로 동의할 수 없지만, 아주 근거가 없는 주장도 아니다.

돈이 많이 드는 일에 몰입한 교회일수록, 재정적 헌신을 많이 할 부유한 교인들에 대한 교회의 존중과 기대는 그만큼 비례해서 커진다. 이 과정에서 담임목회자는 회개와 각성을 부르짖는 설교보다는 고객만족용 설교, 대중추수주의적 설교를 남발하는 유혹에 시달린다. 목회자의 설교 변질은 타락한 세상 사람들이 거듭나지 않은 채 교회의 권력기관과 직분을 차지한 상황에서 벌어진다. 성령을 전혀 모르고 받지도 못한, 그야말로 세상과 짝한 교인들은 그들의 욕망을 부추기고 충족시키고 정당화하는 목회자의 설교를 선호하고 환영하는 것이다...이런 점에서 한국교회 설교 강단의 변질과 타락은 회개와 죄 사함의 통과 의례 없이 하나님의 교회를 차지하여 왕 노릇하는 이교도적인 신자들에

의해 촉발된 점이 없지 않다.14)

(3) 무지한 설교자

한국교회 설교를 분석한 학자들의 공통된 결론은 한국교회 설교자들에게 "신학이 없다"는 것이다. 한마디로 무식하다는 것이다. 한국사회 전체의 교육수준이 향상되었고, 신학대학교의 수도 늘었으며, 신학자들의 수준도 향상되었지만, 강단에서 전달되는 설교의 질은 "문자적 해석과 예화중심의 주제설교" 수준을 넘지 못하고 있다. 신학교에서 성서학과 설교학을 가르치고, 한동안 한국교회 안에 강해설교의 붐이 일었으며, 주석을 비롯한 설교관련 자료들도 범람하지만, 도무지 한국교회 설교의 질은 향상될 줄 모른다. 한국교회 설교의 지적 천박성에 대해 통탄하는 소리들을 들어보자.

가끔은 기독교방송 등을 통해 설교를 들으면서 설교자의 무지 때문에 말씀이 농락당한다는 생각이 들 때가 있는데, 단어 하나 또는 구절 하나에 포커스를 맞추어져 침소봉대되거나 문자의 기표에 치중하여 성경이 의도하고 지시하는 궁극적 의미를 무시해 버리는 경우가 그렇다. 이런 경우, 설교자가 하고 싶은 말에 성경 본문을 찍어다 붙이며, 설교자의 의도대로 성경을 난도질하게 된다. 이는 성경에 대한 폭력이다.15)

최근 한국교회 유명 설교자들의 설교를 공개적인 자리에서 좀더 솔직하게 평가한 학자들의 결론에 따르면, '한국교회 설교자들의 설교에서 가장 큰 문제는 신학이 없다는 점이며, 신학 가운데서 특히 성서신학의 부재가 문제'임이 드러났다. '설교는 하나님의 말

---

14) 김회권, "사랑의교회 사태로 본 목회자의 욕망" 『복음과 상황』 제269호 (2013년 3월),
15) 김선주, 『한국교회의 일곱가지 죄악』 (서울: 삼인, 2009), 110-111.

씀을 선포하는 일인데, 기본 텍스트인 성경에 대한 깊은 지식을 갖지 못한 채, 즉 성경신학에 대한 이해가 전혀 없이 그 말씀을 선포하고 있는 것이다.' 강단에서 성경이 말하는 것을 선포하지 않고 있는 한국교회의 부정적인 현상은 급기야 성경이 아닌 일반 경건서적이나 종교적인 고전을 기본 텍스트로 삼는 설교로 발전하고 있다.16)

(4) 양심 없는 설교자

무지한 설교는 쉽게 용감한 설교로 이어진다. 가장 대책이 없는 경우다. 신학적 소양이 부족하기 때문에, 스스로 설교를 준비하는 것이 힘에 겹다. 세계 어느 나라보다 설교를 자주 해야 하는 한국교회 상황에서, 무능한 설교자에게 이것은 정말 힘겨운 과제일 수밖에 없다. 이런 상황에서, 가장 교활한 마귀의 유혹이 시작된다. 즉, 타인의 설교를 표절하는 것이다. 이미 유명 설교자들의 설교집이 출판되었고, 그 외에도 다양한 설교자들의 수많은 자료가 인터넷을 통해 거의 무한정 제공되는 현실에서, 곤경에 처한 설교자가 이런 유혹을 거절하는 것은 여간 어려운 일이 아니다. 최근에 설교표절로 물의를 일으켰던 시온교회 이재훈 목사가 대표적인 예다. 그는 상습적으로 다른 사람들의 설교를 표절해왔고, 그 사실이 『뉴스앤조이』에 의해 보도되자, 교회는 3개월간 근신처분을 내린 것으로 일을 마무리했다. 설교를 상습적으로 표절한 사람이나, 그런 사람을 계속 설교자로 세우는 교회나, 길을 잃긴 마찬가지다.17)

무지하고 용감한 설교의 또 다른 부작용은 재난을 하나님의 심판으로 규정하는 일련의 행태들이다. 2004년 12월에 서남아시아에 쓰나미가 발생하여 수많은 희생자가 발생했을 때, 금란교회 김홍도 목사는 "서남아시아 여러 나라가 바다 속 지진과 해일로 수십만 명이 사망하게 된 것은 우연이 아니라 하나님의 심판"이라고 설교

---

16) 이승진, "80년대 이후 한국교회 설교의 동향과 전망(2)," 『뉴스앤조이』 (2006년 6월 16일).
17) 윤재석, "설교 표절보다 더 나쁜, 목회자의 오류" 『뉴스앤조이』 (2014년 5월 13일).

했다. 그 이유를 "8만 5천명이 사망한 인도네시아 아체라는 곳은 2/3가 이슬람교도 들인데 반란군에 의해 많은 크리스천들을 죽인 곳이고, 3-4만 명이 죽은 인도의 첸 나라는 곳은 힌두교도가 창궐한 곳인데 많은 크리스천들이 죽고 교회가 파괴됐고, 스리랑카 역시 불교의 나라로 역시 반란군에 의해서 많은 크리스천들이 당한 곳"이 라고 설명했다.18) 또한 2011년 3월에 일본 도호쿠지방 부근 해저에서 9.0지진이 발생 하고, 후쿠시마의 원자력발전소 제1원전 사고로 일본이 제2차 세계대전 이후 최대의 재난을 당하자, 강남교회 김성광 목사는 "하나님이 '요것 봐라'는 마음으로 일본을 흔 들었다"고 설교했다. 그는 "일본이 보통 나라와 달리 세계에서 제일 교만하고, 우상과 귀신이 많은 나라인데, **이번 지진을 통해** 일본이 체질 개선을 하게 될 것이다"라며 재난 의 원인을 설명했다.19) 이런 설교는 천재지변을 하나님의 심판으로 생각하던 중세적 사고방식에서 벗어나지 못한 것이며, '고난=저주, 안락=축복'이라는 무속적 사고방식 의 연장이고, 오히려 고난 속에 담긴 성육신의 진리를 간과하는 신학적 사유의 빈곤 을 반증하는 것이다. 동시에, 타종교는 심판의 대상이고, 기독교는 축복의 원인이란 주장은 유아기적 이원론의 변종일 뿐이다.

2. 일탈된 설교들

(1) 설교냐, 선동이냐?

분명히, 특정한 대상을 향해 특정한 목적을 위해 특정한 메시지를 전달한다는 면에서 설교와 선동은 비슷하다. 그럼에도, 설교와 선동은 다르다. 설교가 하나님의 말씀을 전달하여, 청중들이 하나님의 백성으로서 온전한 삶을 살도록 하는 것이라

---

18) http://blog.naver.com/PostView.nhn?blogId=vermeer30&logNo=60009348187 (2015년 6월 13일 접속).

19) 김진혁, 최유진, "일본 지진은 '우상'과 '천황' 때문," 『뉴스앤조이』 (2011년 3월 15일).

면, 선동은 이런 궁극적 목적에서 벗어나, 특수한 집단의 특별한 이익을 위해 청중의 감정을 자극하는데 일차적 비중을 둔다. 한국교회의 설교가 성경의 메시지를 충실하게 전달하는 대신, 설교자나 교회, 혹은 청중의 특수한 이해와 목적을 위해 성경을 인용하거나 자의적으로 해석하는 경우가 많기 때문에, 한국교회의 설교가 선동으로 변질될 때가 많다. 메가처치의 문제를 분석하면서, 신광은 목사는 이 문제를 다음과 같이 날카롭게 포착하며 비판했다.

> 거대한 군중 앞에서 말로 뭔가를 이루러 할 때, 선전은 작동하기 시작한다. 결신자를 많이 만들어 내라는 부탁을 받은 수련회 강사, 목표로 하는 교회 사업의 추진 및 자금 확보, 갈등 해결 등을 부탁 받은 부흥회 강사, 수련회에 더 많이 참석하게 만들고 싶은 담임목사 등이 말로 청중을 설득하고 자신이 원하는 대로 그들이 행동하게 만들려고 할 때, 설교는 선전으로 변질된다. 히틀러의 열정적인 연설에 독일 국민들이 '아멘, 할렐루야!'로 화답했듯이, 충격적이고 강력하고 힘이 넘치는 설교를 들으면서 메가처치 성도들은 선전에 감염되기 시작한다.[20]

2010년 4월에 뉴욕에서 열린 한 부흥회에서 금란교회 김홍도 목사가 행한 설교는 예배와 설교의 형식을 빌려 행한 선동의 대표적 예다. 이것은 성경, 복음, 구원과 아무런 관계도 없으며, 중세말기에 성 베드로성당 건축자금의 마련을 위해 면죄부를 팔았던 도미니크회 수사 요한 테첼의 종교적 궤변과 결코 다르지 않다.

> 내가 던지는 방석이 앞에 떨어지면 5,000불 헌금할 각오 돼 있으면 '아멘' 해라. 나한테 떨

---

20) 신광은, 『메가처치 논박』, 325.

어졌다 생각하고 3,000불 한 번 해 보겠다는 사람 있나, 불황인 거 다 안다. 하나님은 불황일 때도 십일조 하는 것을 본다. 난 물질을 바쳐서 축복받는 것을 너무나 많이 체험했다. 조용기 목사 빼고 나만큼 대접 받는 사람 아무도 없다. 내일 3,000불 헌금하시는 분이 있으면 좋겠다. 한 명도 없으면 내가 망신스러운데.21)

(2) 설교냐 반공교육이냐?

해방 후, 북한 기독교인들의 대거 월남으로, 남한교회의 인적·신학적 지형이 재편되었다. 공산당에 의해 재산과 고향을 빼앗기고, 남한에서 제2시민으로서 삶을 다시 시작해야 했던 북한출신 기독교인들은 남한교회를 강력한 반공세력으로 변모시켰다. 동시에, 이것은 냉전이란 세계체제와 반공이란 국가이념 속에서 남한교회의 신앙적·신학적 정체성의 핵심을 구성했다. 따라서 반공의식은 한국교회의 새삼스러운 주제가 아니다. 하지만 1997년부터 2007년까지 진보세력이 권력을 장악했을 때, "반공"이 설교의 핵심적 주제로 부활했다. 특히, 교파와 지역을 떠나서 대형교회 목회자들이 한손에 성경을 들고, 다른 손엔 태극기를 휘날리며, 반공투사로 전면에 나섰다.

전자 개표기 조작이나 부정 선거를 통해서나 친북, 친공, 반미, 좌파 세력이 정권을 잡아 적화 통일을 획책하지 못하게 해야 되겠습니다. 친북좌파 세력은 이명박 씨를 대선에 못 나오게 하고 다음에는 박근혜 씨를 잡으려 들 것입니다. 기왕이면 예수님 잘 믿는 장로가 되기를 기도해야겠고, 박근혜 씨라도 되도록 기도해야겠습니다. 이 위기를 맞이하여 '구국금식기도'를 선포하는 것입니다. 3일이 어려우면 하루라도, 아니면 하루

---

21) 방지은, "김홍도 목사, '최근에 지옥 간 대통령 두 명 있다' 『뉴스앤조이』 (2010년 4월 26일).

한두 때씩이라도 금식하여 붉은 용(좌파)의 세력이 이 땅을 짓밟지 못하게 해야겠습니다... 적화 통일 되어 공산 치하에서 신앙생활 못할 바에는 죽는 것이 더 나을 것입니다. 할렐루야! 22)

우리나라에도 정치가 심지어 목사까지도 거짓말을 하고 죄인 줄 모르는 형편이 됐다. 가장 중요한 문제는 우리교회가 사회주의에 자기도 모르게 감염이 되었다. 그래서 사회주의적인 메시지를 좋아한다. 그래서 문제이다. 사회주의적인 메시지에 물들어 가난한 사람을 돌보자, 불쌍한 사람들을 책임지자고 한다. 아니다...가난한 자를 도와주라는 것은 설교가 아니다. 그것이 바로 사회주의적인 설교이다. 공산주의 설교이다. 제발 그러지 말라. 그것은 안 된다. 교회에서 가난한 사람과 어려운 사람을 도와주자고 하면 일반 사람들은 지지한다. 저 교회는 좋은 교회이다, 저 교회는 점심을 주는 교회라고 하는데 복음이 없다. 그런 교회에는 복음이 없다. 아주 중요하다. 그런데 어쩌자고 우리 교회가 사회주의 경향에 빠져 들어가는가.23)

(3) 설교냐, 주술이냐?

한국교회가 무속의 영향을 깊이 받았다는 주장은 더 이상 논쟁의 여지도 없는 문제다. 신앙생활과 예배문화 곳곳에서 아직도 그 흔적이 강하게 남아 있기 때문이다. 예를 들어, 윤리와 공공성을 망각한 채, 이기적 목적을 위해 성령의 능력을 남용하거나, 설교자의 권위를 강화할 목적으로 저주나 예언을 남발하는 것은 설교자가 무

---

22) 이것은 2007년 7월 8일에 김홍도 목사가 금란교회에서 행한 설교 일부다. 김지방, 『정치교회』 (서울: 교양인, 2007), 110-11에서 재인용.

23)) 이것은 곽선희 목사가 2013년 4월 8일 퀸즈중앙장로교회(안창익 목사)에서 열린 '곽선희 목사 초청 목회자 세미나'에서 '설교와 현대목회'란 주제로 행한 강의의 일부다.(http://www.usaamen.net/news/board.php?board=news&command=body&no=7405, 2015년 6월 13일 접속).

당으로, 설교가 무당의 주술로, 예배가 굿판으로 변질되는 대표적 현상들이다.

보다 구체적으로, 전통적인 오순절교회와 최근에 유행하는 신사도운동, 그리고 성령운동에 관여하는 다수의 교회들이 소위 교회건축 같은 특별한 목적을 위해 '일천번제'와 성령집회를 결합하여, 물질적 축복과 성령세례를 동일시하는 설교를 행하고 있다. 또한, 한국교회는 이념적, 윤리적, 종교적으로 적대관계에 있거나 용납할 수 없는 인물과 현상을 향해 주저 없이 분노의 저주를 퍼붓는다. 이미 고인이 된 김대중 노무현 대통령을 겨냥하여, "최근에 지옥 간 대통령 두명이나 있다"고 공개적으로 발언했던 김홍도 목사,[24] 세월호 사건을 두고, "하나님이 공연히 **세월호**를 침몰시킨 게 아니다. 나라를 침몰하려 하니 하나님께서 대한민국 그래도 안 되니, 이 어린 학생들이 꽃다운 애들을 침몰시키면서 국민들에게 기회를 주는 것이다"라고 설교했던 명성교회 김삼환 목사,[25] "동성애를 막지 못하면 아무리 전쟁을 막아 달라 그래도 소용없다"며 2014년 12월에 전쟁설을 유포했던 홍혜선 전도사가 대표적인 경우들이다. 최근에 저주설교로 논란에 휩싸인 '치유하는 교회' 김의식 목사의 경우는 저주설교의 전형이자 절정이다. 그는 캐나다 C한인침례교회에서 한 설교에서, 주로 장로들을 겨냥하여 다음의 내용으로 저주를 퍼부었다.

> 자신을 이단으로 몰아 책자를 만든다던 장로가 인쇄소 두루마리 종이 뭉치에 치여 뇌진탕으로 현장에서 숨졌다 온갖 고소장을 만들어 써주던 장로의 아들 하나가 기획사 하다가 부도가 나 미국으로 갔으나 돌아오지 못하고 있다 당회 때마다 책임추궁하고 사사건건 비판하던 장로의 부인 권사는 급성 당뇨로 코마상태로 있다가 세상을 떠났다 당회 때마다 시비를 걸던 장로의 딸은 버스 정류장에서 섰다가 버스가 돌진해 발등을

---

[24]) 방지은, "김홍도 목사, '최근에 지옥 간 대통령 두 명 있다," 『뉴스앤조이』 (2010년 4월 26일).
[25]) 김정문기, "왜 하나님이 학살자인가" 『뉴스앤조이』 (2015년 5월 19일).

치여서 신경이 끊어져 장애가 됐다 목회를 사사건건 반대하던 장로의 큰 아들 며느리는 첫 아기를 사산했다.26)

III. 글을 마치며

이처럼, 한국교회의 설교는 한국교회의 실체를 가장 분명하게 반영하는 거울이다. 각 시대마다, 한국교회에 끼친 사회적, 사상적, 정치적 영향들이 고스란히 설교 속에 담겨졌고, 역으로 이 설교들이 한국교회를 그런 모양과 성격으로 강화시켰기 때문이다. 그럼에도, 한국교회는 하나의 통일된 교회로 존재하지 않았고, 내부의 다양한 흐름과 시대와의 복잡한 상호작용 속에 매우 복잡하고 역동적인 모습을 보였으며, 그것은 다양한 형식과 내용의 설교 속에 반영되었다.

그럼에도, 대다수의 한국교회는 일제, 해방, 군부통치, 민주화시대를 거치면서, 몇 가지 일관된 특징을 보였다. 첫째, 한국교회는 일제와 군부로 상징되는 제도적 악과 구조적 폭력에 대항하여 저항과 개혁을 설교하는 대신, 복음에 대한 개인적, 영적, 내세적 해석을 추구하며 현실과 타협했다. 특히, 분단 이후 반공시대를 통과하면서 친미와 반공을, 경제개발과 신자유주의 시대를 관통하면서 번영신학과 기복주의를 각각 설교의 핵심내용으로 수용했다. 그동안 교세가 증가하고, 신학교육의 수준도 향상되었지만, 여전히 대형교회를 중심으로 한 한국교회의 강단은 성경에 대한 문자적 혹은 영적 해석에 기초하여 예화중심의 주제설교에 머물고 있다. 뿐만 아니라, 신학의 빈곤, 윤리적 타락, 그리고 시대적·교회적 압력에 시달리면서, 설교자들이 시대

---

26)) 정윤석, "치유하는교회 김의식 목사, 저주설교 논란" 『기독교포털뉴스』 (2015년 6월 6일)(http://www.kportalnews.co.kr/news/articleView.html?idxno=13273, 2015년 6월 14일 접속).

를 선도하는 예언자적 기능을 수행하는 대신, 시대적 비판과 근심의 대상으로 추락하고 있다. 참담한 현실이다.

따라서 한국교회 설교의 갱신과 회복은 한국교회 자체/전체의 갱신과 회복을 위해 결정적으로 중요하다. 물론, 이 문제의 해결은 지극히 힘들고 난해하다. 만병통치약이 없기 때문이다. 그렇다고 절대적으로 불가능한 꿈도 아니다. 이런 현실과 문제에 깊이 공감하는 사람들이 신학교, 교회, 그리고 다른 기관들을 통해 끈끈하게 협력하며 이런 현실에 대항하여 치열하게 도전한다면, 한국사회가 탁월한 학문성, 뛰어난 인격, 그리고 깊은 영성을 겸비한 목회자들의 출현을 목격하는 것이 얼마든지 가능할 것이다. 동시에, 야곱이 인내하며 꾸준히 새 우물을 판 것처럼, 그런 목회자들이 흔들림 없이 자기 자리를 지키고, 그 도상에서 만난 동지들과 함께 끝까지 포기하지 않는다면, 한국교회의 강단을 개혁하고, 한국교회를 재구성하며, 한국사회를 일신하는 일은 무모하고 헛된 망상이 아니라 거룩하고 현실적인 비전이 될 것이다.

3장
설교 표절, 교계는 어떤 목소리를 내고 있는가

표성중
기자, 데오스앤로고스 대표

설교 표절, 교계는 어떤 목소리를 내고 있는가 : 교계뉴스 브리핑

표성중

1. 들어가는 말

글을 쓰다보면 어디까지가 남의 생각을 가져온 것이고, 어디부터가 내 생각인지 구별하기가 쉽지 않습니다. 일부러 표절하는 것은 굳이 언급하지 않겠습니다. 남의 글을 가져다 자기 생각인 것처럼 쓰는 것은 도둑질이나 마찬가지입니다. … 문제는 일부러 그런게 아닌데 표절이라는 지적을 받는 경우입니다. 내 생각이라고 믿으면서 썼는데 나중에 보니 남의 생각을 가져온 것임을 알게 되는 경우가 있습니다. 남의 글에서 가져온 내용을 압축하고, 표현을 바꾸어 쓰는 경우에도 어디에서 가져온 어떤 문장인지 일일이 밝혀야 하나 의문이 들기도 합니다. 굳이 하려면 할 수도 있겠지만 너무나 번거롭고 힘든 작업입니다. 사실 우리가 가진 대부분의 생각은 어디에서 읽었거나 누구에게 들어서 알게 된 것입니다. 순전히 혼자서 깨닫거나 혼자서 만든 지식은 거의 없다고 할 수 있습니다. 내 생각이 어디서 왔는지 나도 모르는 것이 많습니다. 따라서 내 생각의 출처를 어느 수준까지 밝혀야 하는지 판단하기 어려울 때가 종종 있습니다. … 학술 논문, 정식으로 출판하는 책, 잡지에 싣는 비평, 언론 기고문, 그런 것이 아니라면 표절 여부를 심각하게 따질 필요는 없습니다. 특히 트위터, 블로그, 페이스북, 커뮤니티 게시판에 쓰는 글은 각주나 인용 표시에 너무 얽매일 필요는 없습니다. 다만 중요한 메시지를 전하기 위해 남의 글이나 말을 그대로 가져와서 쓸 때는 그게 누구 말인지 밝히는게 좋습니다. 그게 예의기도 하고, 그러면 읽는 사람들이 더 잘 받아들이거든요.[1]

위의 내용은 2015년 5월 11일 다음 daum의 뉴스펀딩 '유시민의 글쓰기 고민상담소'에 올라온 글에서 일부 발췌한 것으로서, 현재 논란이 되고 있는 '표절문제'의 심각성을 다룬 글은 아니다. 단지 글 쓰는 이들이 '어디까지 표절로 볼 것인가'에 대한 질문을 했던것 같고, 유 작가는 그에 대한 자신의 생각을 표현한 것 같다.

발표를 시작하면서 이 글을 삽입한 이유는 다른 게 아니다. 대부분의 목회자들이 설교 표절의 문제점은 전반적으로 인식하고 있겠지만, '그냥 설교일 뿐인데, 굳이 출처를 일일이 밝힐 필요가 있을까'라는 생각을 할 것 같은 나름의 걱정 때문이다.

유 작가는 학술논문이나 책, 비평이나 언론기고문 등이 아니면 표절 여부를 심각하게 따질 필요가 없다고 주장한다. 이 주장대로라면, 목회자들은 아마 '내 설교는 책으로 낼 것도 아니고, 논문으로 활용될 것도 아니고, 언론사에 보낼 것도 아니다. 그냥 내가 목회하는 교회 성도들과 나누는 말씀일 뿐이다. 따라서 누군가의 설교나 책 등을 참조하거나 인용한 부분을 일일이 밝히지 않는 것이 큰 문제가 되겠어?'라는 주장을 펼칠 것이다.

설령 그렇다 할지라도, 유 작가가 언급한 "다만 중요한 메시지를 전하기 위해 남의 글이나 말을 그대로 가져와서 쓸(설교)할 때는 그게 누구 말인지 밝히는게 좋습니다. 그게 예의이기도 하고, 그러면 읽는(듣는) 사람들이 더 잘 받아들이거든요"라는 말

---

[1] http://m.newsfund.media.daum.net/episode/705, '제7화. 발췌 요약, 어디까지 표절이 아닐까?' 중에서

을 염두에 둘 필요가 있을 것 같다.

사실, '설교 표절, 교계는 어떤 목소리를 내고 있는가'라는 발표 내용에 대한 답은 교계 소식을 전달하는 기독언론사들의 기사제목만 보더라도 한 번에 알 수 있다.

'표절' 않고는 설교 못하는 목사들 / 설교 표절, 교회 병들게 하는 심각한 문제 / 설교 표절은 논문 표절보다 심각 / 목회자 90% 이상이 설교 표절 / 설교 표절은 스스로 함정을 파는 행위 / 설교 표절, 그보다 더 나쁜 거짓말 / 무당으로 전락한 설교 표절 목사들 책임 / 설교 표절, 자신도 교회도 황폐케 만드는 범죄행위 / 인터넷 설교 표절은 목회 직무유기 / 설교 표절 '독화살'은 공동체 향한다 / 아직도 설교를 표절하십니까? 그렇다면 '영적 걸인이자 범죄자' / 설교 표절, 영적 제살 깎아먹기 / 설교 표절 죄와 목회자 윤리, 언제까지 침묵하고 넘어가렵니까 / 설교 표절, 명백한 범죄행위 / 목회자 90% 설교 표절, 설교 녹취 사이트 10곳 넘어 / 설교 표절은 하나님과 성도를 속이는 죄 / 설교까지 표절, 성직자 도덕성 실추 / 한국 교회의 불감증 '설교 표절 등 …'.

2. 설교 표절로 몸살을 앓는 교회

지난 2013년 사랑의교회 오정현 목사의 논문표절 논란과 더불어 한동안 교계 안에 이슈가 되었던 것이 바로 목회자들의 '설교 표절' 문제다. 물론, 현재도 신학자와 목회자들의 논문이나 단행본, 설교 등의 표절 문제가 언론과 SNS를 통해 지속적으로 확산되고 있는 상황이다. '혹여 들키지는 않을까'라며 긴장하고 있을 신학자와 목회자들이 참 많을 것 같다.

설교 표절과 관련해 교계 안에서 유통되는 말이 하나 있다. "한국 교회 목회자의 90% 이상이 설교를 표절한다"는 것이다. 설교를 표절하지 않는 목회자는 거의 없다는 주장이다. 하지만 교계 안에서 설교 표절 논란에 휩싸인 목회자들은 그리 많지 않다. 다음은 일부 기독언론에서 보도된 대표적인 사례다.

1. 미국 볼티모어 지역의 최대 한인교회인 벧엘교회 담임이었던 진용태 목사가 지난 2014년 5월 25일 담임목사직을 사임했다. 당시 벧엘교회는 5월 18일자 주보 소식란에 '진용태 목사 동정에 대한 당회 결정'이라는 제목으로 "진 목사는 지난 3년간 교회 혼란을 조기 수습하고, 교인의 영적 성장을 도모하는데 담임목사로서 리더십을 발휘하지 못한데 책임을 통감, 5월 25일부로 담임목사직을 사임하기로 결정했다"고 밝혔다. 보도에 따르면 벧엘교회 당회는 진 목사가 2012년 6월 24일부터 8월 12일까지 총 8차례에 걸쳐 유대인 랍비인 헤롤드 커셔너가 저술한 The Lord is My Shepherd의 내용과 구성이 유사한 설교를 했다는 제보를 받고 내용을 검토했다. 그 결과 근거가 있음을 확인, 진 목사와 모임을 가진 후 결의안을 채택한 것이다.2)

특히, 진 목사는 2011년에도 수차례에 걸쳐 같은 교단PCA 소속인 팀 켈러 목사 리디머교회의 설교를 표절한 사실이 드러나 물의를 빚으며, 교회는 내홍으로 시달린 것으로 알려졌다.3)

2. 서울 성북구 안암동에 소재한 예장 합동총회 소속 교회가 ㅈ담임목사의 설교 표절로 몸살을 앓고 있다는 보도도 있었다. 6년 동안 지속적으로 다른 사람의 설

---

2) '벧엘교회 진용태 담임목사 사임', 〈미국 한국일보〉 http://www.koreatimes.com/article/855125
3) '진용태 목사, 팀 켈러 목사 설교 표절', 〈미주 뉴스앤조이〉 http://www.newsm.com/news/articleView.html?idxno=2413

교를 마치 자신의 글인 양 주보에 설교요약문 형식으로 실었다는 것이 논란의 중심이 됐다. 결국, 이 사건으로 인해 교인들은 담임목사 옹호파와 반대파로 갈라져 심한 갈등을 겪고 있으며, 담임목사는 "다른 목사와 교수들의 글을 설교요약문 형식으로 주보에 실은 것은 맞다. 하지만 내 설교는 그것을 그대로 설교한 것은 아니었다"며 설교 표절 사실을 부인했다고 한다.

이와 관련 몇몇 장로와 집사들은 실제로 ㅈ목사의 설교 요약문과 비슷한 설교를 찾는 작업에 착수했고, 200여 건을 무더기로 적발했다. 특히, 그가 표절한 설교들은 대부분 다른 목사가 설교한 지 1개월도 되지 않은 것이었고, 다른 교단 목사와 신학자들의 설교였던 것으로 드러났다. 단순히 좋은 설교를 참고했다고 보기에는 도가 지나칠 정도로 다른 사람의 일화까지도 등장인물만 바꿔서 설교했다는 것이다. 이에 대해 당회는 3개월 동안 설교를 중지시켰다. 그리고 담임목사를 지지하는 그룹은 모든 징계가 끝났다며 설교 표절 문제를 덮으려고 했고, 반대 측은 일시적인 조치였다고 맞서면서 교회 분쟁이 발생했다.4)

3. 서울시 도봉구에 위치한 시온교회 이재훈 담임목사도 설교 표절 논란에 휩싸였다. 시온교회 몇몇 교인들이 이 목사의 2013년 설교 40편을 조사한 결과, 17편의 설교가 표절이라는 사실을 밝혀냈다. 2014년 초에도 4주 연속 표절설교를 한 것으로 알려지기도 했다.

따라서 일부 교인들이 당회에 이 목사의 표절설교 자료들을 제출하며 공식적으로 항의했지만, 장로들은 "설교 표절이 교단 헌법의 권징사유에 나와 있지 않다"고 답하는 등 미온적인 모습을 보였다. 이후 이 목사는 제직들을 모아놓고 앞으로 주의하

---

4) '6년간 199번 설교 표절, 교회는 두 동강', 〈뉴스앤조이〉 http://www.newsnjoy.or.kr/news/articleView.html?idxno=195382

겠다고 했지만, 일주일 후 다시 설교를 표절했다. 단순히 남의 설교를 베끼거나 짜깁기한 것이 아니라, 인터넷에 게재된 남의 설교를 거의 통째로 가져왔다. 결국, 이 목사의 설교 표절을 찾아낸 교인들이 진상을 조사해달라고 당회원들이 모인 자리에서 청원서와 설교 표절 자료들을 제출했지만, 딱히 이 부분에 대해 명확하게 해결된 것은 없다.5)

4. 지난 2013년 박사학위 논문표절로 6개월간 강단설교를 금지당했던 사랑의교회 오정현 목사도 강단복귀 이후 설교 표절 시비에 휘말린 적이 있다. '사랑의교회 사랑넷'이라는 페이스북에 지난 2013년 11월 10일 'again and again 다시 또 다시 표절 설교하다'라는 글이 올라왔다. 이 글에 따르면, 오정현 목사는 '내면의 능력을 회복합시다'라는 제목으로 설교를 했는데, 고든 맥도날드의 '내면 세계의 질서와 영적 성장'의 아이디어와 틀의 테두리 속에서 세세한 단어와 문장을 그대로 가져왔는데, 마치 자신의 말처럼 설교를 했다는 것이다.6)

언론사나 페이스북에 올라온 설교 표절에 관한 사례를 정리해봤다. 위의 사례들처럼, 교회 안팎으로 설교 표절 문제가 이슈로 부각되는 가장 큰 이유는 바로 인터넷, SNS가 지닌 '폭로'라는 막강한 힘 때문이다. 현재 '폭로'라는 힘을 기반으로 설교 표절과 같은 교회의 부정적인 모습들이 교회 안팎으로 확산되고 있는 상황이다.

성도가 됐든, 부교역자가 됐든, 담임목사의 설교가 표절인지 아닌지 확인할 수 있는 방법은 그렇게 어렵지 않다. 교계 유명 목회자들이 출판한 설교집을 찾아보든

---

5) '시온교회 목사, 설교 통째로 베끼고 인용 발뺌', 〈뉴스앤조이〉 http://www.newsnjoy.or.kr/news/articleView.html?idxno=196451
6) 사랑의교회 사랑넷, https://www.facebook.com/sarangnet.org/posts/308711825938084

지, 아니면 자신이 보거나 듣고, 읽은 설교문의 제목이나 예화, 본문, 내용 등을 인터넷 검색엔진에 넣고, 검색할 경우 비슷한 내용들을 쉽게 찾아낼 수 있다. 따라서 담임목사의 설교가 표절인지, 아닌지 거의 정확한 분석이 가능하다. 그래서 "인터넷에 텍스트로 올려진 설교문은 가급적 활용하지 말라"는 말도 있다. 웹 문서로 올라와 있는 설교문을 참조하거나 인용했을 경우 들킬 확률이 높기 때문이다.

이렇듯 목회자들이 설교 표절을 하는 까닭은 무엇일까? 설교 표절의 문제는 투명성의 결여로부터 비롯된다는 목소리가 있다. 한 신학자는 다음과 같이 이야기한다.

> 특별히 정치인의 경우 대중이 그를 샅샅이 살피는 분위기가 형성되는데, 이런 상황에서 그가 공인으로 살아남기 위해 절대적으로 갖추어야 할 것이 바로 투명성입니다. 공적 영역의 대표적인 분야라 할 수 있는 방송, 통신 쪽에서도 미디어의 발달에 따라 보도자료 확보, 편집, 보도의 투명성을 확보하기 위해 몸부림치고 있는 것이 사실입니다. 하지만 이와는 대조적으로 한국 교회는 현 상황을 심각하게 받아들이고 있지 않은듯합니다. 점점 미디어가 발전하면서 투명성이 결여된 한국 교회의 문제는 사회에 더 많이 폭로가 될 것입니다. 이미 그런 양상이 벌어지고 있는데, 설교 표절 폭로도 그러한 실례 중의 하나일 것입니다.[7]

누군가의 폭로가 됐든, 설교자 개인의 양심고백이 됐든, 설교 표절은 단순히 목회자 한 개인의 윤리적 책임으로 끝나지 않을 수 있다는 것이 더 심각한 문제인 것 같

---

7) 권호, "폭로, 경계소멸의 미디어 사회 속에서의 설교학적 전망," 한국복음주의실천신학회 제29회 정기학술대회 (2015년 5월 9일, 창신교회).

다. 위에서 언급된 설교표절 사례에서 나타나듯이 교회 내홍, 즉 교인과 교인 간의 갈등, 당회와 성도들 간의 갈등, 목회자와 성도들 간의 갈등과 불화로 이어질 수 있는 빌미를 제공한다는 것이다.

지나친 가정일수는 있겠지만, 만약 담임목사의 반대편에 서 있는 교인들이 '폭로'라는 힘을 기반으로 '설교 표절' 문제를 제기했을 경우, 담임목사의 단순한 사과로 그치지 않을 수 있다. 담임목사 반대 측에서는 교회사임을 요구할 수도 있다. 그러다보면 담임목사를 지지하는 측과 또 다시 충돌이 발생할 수 있다. 무엇을 위한 폭로이며, 누구를 위한 폭로인지에 대한 성찰이 우선되고, 설교 표절 문제를 어떻게 처리할지 충분히 검토한 후에 대응하는 것이 제2, 제3의 교회분쟁으로 가는 길을 차단할 수 있을 것이다.

3. 설교 표절, 왜 발생할 수밖에 없나?

현재 한국 교회 강단에서 설교자가 전하는 대부분의 설교는 녹화된다. 그리고 교회 홈페이지나 설교방송 사이트를 통해 공개되는 형태가 되어가고 있다. 설교 영상을 녹화하고 인터넷 상에 업로드 하는 과정은 이제 큰 기술이 필요치 않다. 한 때 대형 교회만이 하는 설교 업로드 활동을 이제는 마음만 먹으면 아무리 작은 교회라도 큰 비용 지출하지 않아도 할 수 있는 상황이 됐다.

따라서 성도들은 자신이 출석하는 교회뿐만 아니라 개인적으로 존경하는 목회자들의 설교를 자신이 원하는 시간과 장소에서 들을 수 있게 되었고, 목회자들 또한 '어떤 설교자가 인기 있나?', '성도들이 관심 갖고 있는 이슈들을 다른 목회자들은 어떻게 설교할까?', '어떤 설교가 흔히 뜨는 설교일까?' 고민 속에서 다른 목회자들의 설교를 모니터링 하게 되고, 설교 표절의 유혹에 쉽게 빠져들게 된다.

목회자들이 설교준비에 많은 시간을 투자하지 않는 것도 설교 표절의 한 원인이 되고 있다. 한 때 교단 총회나 목회자 세미나 등 교계 행사장에서 가장 많이 팔리던 목회용품이 있었다. 바로 '주석'이다. 예전에는 한 편의 설교를 준비하려면 최소한 주석 1,~2권, 공동번역 성경, 현대인어 성경, 헬라어·히브리어 사전을 펼쳐 놨다. 스스로 연구하면서 설교를 준비했다는 것이다. 하지만 오늘날에는 컴퓨터 한 대만 있으면 설교가 완성이 되는 상황이다.

어떤 기자가 교단 총회 현장에서 목회용품을 파시는 분들과 대화를 나눴는데, 예전에는 목회자들이 나름 공부를 해야 한다는 의식을 갖고 있었기 때문에 주석이나 원어연구 참고서를 많이 구매했다고 한다. 하지만 최근에는 주석이나 원어연구와 같은 책은 팔리지 않는다고 한다. 물론 CD로 만들어진 성경연구 자료들도 마찬가지다. 대신 마이크와 스피커와 같은 음향기기가 예전에 비해 훨씬 더 많이 팔리고 있다고 한다. 이것이 한국 교회 목회현장의 실제적인 모습이다.

목회자들의 설교를 무작위로 수집해 유료로 판매하는 목회정보 및 설교 사이트도 설교 표절을 부추기고 있다. 해당 사이트를 굳이 언급할 필요가 없다. 인터넷 포털사이트에 설교, 목회정보, 설교예화, 절기설교, 전도설교 등의 단어만 입력하면 온갖 설교들을 제공하고 있는 사이트를 쉽게 만날 수 있다. 보통 양질(?)의 설교를 제공하는 사이트의 경우 유료로 운영된다. 이런 사이트에서는 유명 목회자들의 설교를 녹취해 판매하거나 설교내용을 정리해 제공하기도 한다. 뉴스앤조이는 '설교 표절 공장으로 변질된 사이버 공간'이란 제목의 기사로 설교 제공 사이트의 현황과 문제점을 폭로하기도 했다.

설교 제공 사이트들은 대부분 회원제로 운영된다. 사이트 이용을 위해서는 연평균 6만

원 정도의 회비를 내야 한다. ○○은행의 경우 연회비 5만 원을 내야 정회원이 될 수 있고, 전도사나 신학생은 3만 원에 이용 가능하다. 본인 설교를 한 해 10편 이상 제공하는 회원은 무료로 이용할 수 있다. ○○닷컴은 다른 사이트에 비해 조금 저렴하다. 연회비가 4만 원이다. 미자립 교회 목회자나 신학생들은 3만 원에 이용 가능하다. ○○닷컴 역시 월 3편 이상의 설교를 제공하는 회원은 무료 이용이 가능하다.[8)]

물론, 굳이 유료회원이 되어서 설교 자료를 구할 필요는 없다. 개인들이 블로그나 카페 등에서도 방대한 설교 자료를 제공하고 있기 때문이다. 물론 여기서도 유료로 설교를 판매하지만, 보통의 경우 '등업' 요건만 갖추면 얼마든지 자유롭게 설교 자료를 다운받을 수 있다. 지금 우리의 목회환경이 이렇다보니 마음만 먹으면 수천, 수만의 설교를 한순간에 수집할 수 있다. 그리고 이렇게 얻은 설교들을 가져다가 자신에게 맞도록 수정하거나, 짜깁기 하면 자신이 만든 것처럼 보이는 설교 한 편이 간단하게 만들어진다. 어렵지 않게 설교준비 할 수 있는데 이를 마다할 만한 설교자가 과연 몇 명이나 될까? 절기나 주제, 성경본문에 따라 선별된 설교를 접하다보면, 자신이 설교 표절에 '중독'이 되어가고 있는 것도 모르게 된다.

물론 자신이 참고하려는 설교의 원 출처가 확실한 경우, 양심에 따라 출처를 밝히고 사용하면 된다. 하지만 출처가 불분명한 설교들을 자신에게 맞도록 수정하고, 그렇게 수정된 설교들이 또다시 '설교자료'로 유통되고 있는 상황이다. 본문도, 내용도, 예화도 이 목회자, 저 목회자의 해석에 따라 버무려지면서 소위 '설교 재생산', 원 출처가 어딘지 그 누구도 파악할 수 없는 '설교 세탁'이 이루어지고 있다.

---

8) '설교 표절 공장으로 변질된 사이버 공간', 뉴스앤조이 http://www.newsnjoy.or.kr/news/articleView.html?idxno=197020

4. 설교 표절, 교계는 어떻게 보고 있는가?

1. 2001년 설교자들의 의식조사

교계 안에서 설교 표절 문제는 끊임없이 제기되어 왔다. 기독교윤리실천운동은 지난 2001년 6월 28일 총신대학교에서 '설교의 복제와 표절 문화, 어떻게 할 것인가'를 주제로 교역자 포럼을 개최했다.

당시 '설교 준비와 설교문 작성에 관한 설교자들의 실태 및 의식조사'에 대한 설문조사 결과가 발표됐다. 아래의 표는 기윤실 e도서관에 올라온 글에서 캡처한 것임), 9)

'설교를 위해 참고하는 자료는 무엇인가'라는 질문에 응답자 중 186명51%이 주석이라고 답했다. 그 다음으로는 '성경사전'64명, 17%, 원어사전33명, 일반서적19명, TV 및 인터넷12명, 신문잡지9명 등으로 나타났다.

'타인의 설교를 어느 정도 참고하느냐'는 질문에 '거의 참고하지 않는다'는 응답자는 88명22%인데 반해, '참고한다'는 응답자는 264명72%이나 되어 3명 중 2명의 설교자가 타인의 설교를 어떤 모양으로든 참고하는 것으로 나타났다.

'타인의 설교를 얼마나 의존하는가'라는 질문에 전체 응답자 중 '필요한 부분만 참고한다'는 응답자가 205명56%으로 가장 많았다. 이어 '내 설교의 골격에 살을 입히는 정도로 의존한다'는 응답자는 47명12%, '타인의 설교 골격을 유지하면서 내 의견을 보탠다'는 응답자는 45명12%이었다. 극소수5명이긴 하지만 확신을 갖고 그대로 타인의 설교를 읽는다는 응답자도 있었다.

---

9) 기윤실은 2001년 5월25일부터 6월 21일까지 수도권을 중심한 남녀 교역자 및 신학대학원생을 대상으로 온라인과 오프라인을 통해 설문조사를 진행했다. 당시 조사참여자는 363명(남 309명, 여 54명)이었다.

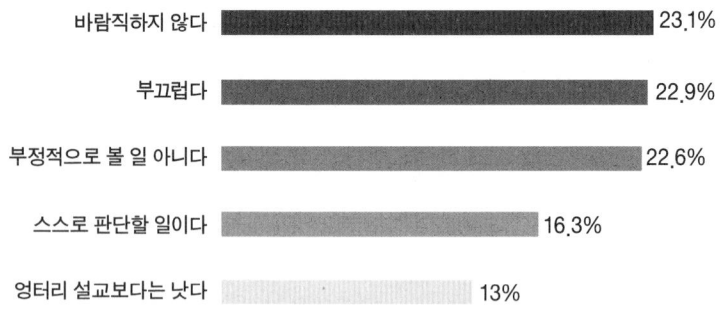

'타인의 설교를 그대로 베끼거나 그대로 사용하는 것을 어떻게 생각하는가'라는 의식과 실태에 대해서도 질문한 결과 167명46%만이 '하나님 앞에서 부끄럽다'83명, 22%, '목회자의 바람직한 태도가 아니다'84명,22%라고 대답했을 뿐, 과반수 이상은 그 일을 부정적으로 보지 않거나82명,22% 확답을 회피했다.

특히 응답자 중 13%48명는 '엉터리 설교보다는 타인의 설교를 그대로 사용하는 것이 훨씬 바람직한 일이다'라고 응답했으며, '시간에 쫓겨 타인의 설교를 그대로 사용한 적이 있느냐'는 질문에 응답자의 43%157명가 그렇다고 응답했다.

'설교의 복제나 표절이 시험의 컨닝처럼 명백한 부정행위인가'라는 질문에 대해서도 '전적으로 동감한다' 는 응답자는 34%127명 뿐이었고, '컨닝과 같은 부정행위로 볼 수 없다'고 응답한 비율은 13%48명나 됐다. 또한 부분적으로만 동감한다도 140명38%이 됐다.

기윤실은 이와 같은 설문조사와 관련해 "민감한 질문에 대해서는 확답을 회피하거나 응답하지 않은 응답자들의 다수라는 점에서 결과보다 더 심각할 것"이라는 분석을 내놓았다.

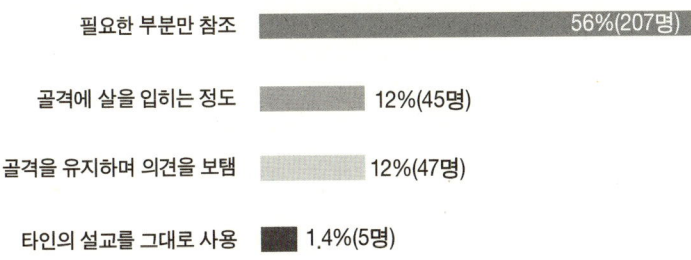

당시 뉴스앤조이 편집인이었던 한종호는 "성서의 인용은 절수까지 철저하게 밝히면서도 설교의 표절과 복제에 있어서는 혹여 누가 그 출처를 알세라 전전긍긍하면서 은폐하는 것은 바로 그렇게 자신의 영광과 권위가 그 표절과 복제의 뿌리에 있기 때문이다. 인용의 근거를 공개하면서 설교를 하게 되면, 청중들이 설교자 당사자에 대한 존경심보다는 근거가 된 증언자에게 더 관심이 쏠릴 것을 우려하는 것"이라고 분석했다.

특히, 그는 "오늘날 한국 교회에서 설교의 표절과 복제가 횡행하고 논란이 되는 까닭은 한국 교회의 영적 성장이 정체되어 있기 때문이다. 보다 진지한 영적 고뇌와 신앙 성장의 고투가 없기 때문이다. 그것을 위해 자신을 온통 거는 노력을 하는 이가 드물기 때문이다. 바로 이러한 노력에 설교자들이 자신을 바치며 헌신하지 않을 때, 설교의 표절과 복제는 끊임없이 제기될 것이며 한국교회의 영적 생명력을 좀 먹게 되고 말 것"이라고 지적했다.

2. 한목협, '설교 표절 왜 심각한 문제인가' 열린대화마당

"처음부터 베끼기로 작정하고 시작했다면 명백한 도용, 설교 표절이다."

"설교 표절은 이 시대 하나님의 교회를 무너뜨리려는 사단의 핵심 전략 중 하나이다."

"설교 표절은 윤리적 문제이기에 앞서 하나님 자기 계시를 가로막는 참람한 행위다."

"설교 표절은 단순히 저작권에 대한 침해나 윤리적인 정도의 문제가 아니라 하나님 앞에서의 범죄행위다. 또한 설교자 자신을 영적으로 황폐하게 만들고, 교회를 황폐하게 만든다. 결국 예수 그리스도의 대사명 성취는 불가능해진다."

"남의 예화에 나오는 이름과 일시를 살짝 바꾸어 사용하거나 남의 체험을 마치 자신의 체험인양 둔갑시켜 사용하는 것이다. 그것은 명백한 거짓말이며 저질스러운 변조 행위다."

"계속되는 설교 표절 행위는 결국 설교자의 영을 죽게 만든다. 위로부터 공급받는 말씀이 없이 남의 대문만을 기웃거리는 영적 걸인 같은 사람의 영혼이 어떻게 건강하고 충만할 수 있겠는가?"10)

지난 2014년 9월 2일 한국기독교목회자협의회(한목협)가 '설교 표절, 왜 심각한 문제인가?'를 주제로 개최한 제27차 열린대화마당에서 발제자로 나선 정주채 목사(향상교회 은퇴목사), 한진환 목사(서울서문교회), 안진섭 목사(새누리2교회)의 목소리다.

현재까지 교계 안에서 '설교 표절'과 관련해 이 정도의 강도 높은 비판은 없었던 것으로 알

---

10) '아직도 설교를 표절하십니까? 그렇다면 '영적 걸인이자 범죄자', 데오스앤로고스 http://www.theosnlogos.com/news/articleView.html?idxno=449

고 있다. 그동안 '설교 표절'과 관련된 문제는 교계의 큰 이슈가 되지 못했다는 말이다. 아무튼 발제자로 참여한 목회자들이 설교 표절에 관한 전반적인 문제점을 다루었으므로 이들의 주장을 일부 정리했다..

무엇이 설교 표절인가?

〈정주채 목사〉 "만약 설교를 준비할 때, 구체적으로 기도하며 본문을 묵상하고·주석이나 관련 서적들을 참고하고, 때론 다른 사람의 설교를 참고할 수도 있을 것이다.본문의 중심 주제를 파악하고 아웃라인을 잡는 등의 과정을 밟으며 주체적으로 설교를 준비했다면 창작이지 표절이 아니라고 할 수 있겠다. 하지만 이런 과정을 거의 생략하고 참고서나 설교집 등을 참고하고, 인용해서 쉽게 준비를 했다면 그것은 표절이라고 해야 할 것이다. 표절을 판단하는 기준은 설교자가 얼마나 정직하고 성실하게 자신이 주체적으로 준비해서 설교했느냐에 달려 있다고 하겠다."

〈한진환 목사〉 "'의도성'이다. 우리 주위에는 헤아릴 수 없이 많은 경건서적들, 주석들, 강해서적들이 나돈다. 그 자료들을 접하다 보면 거기에 나오는 아이디어, 영감, 힘 있는 문구들이 끊임없이 목사 자신의 사고 속에 축적된다. 그런 자료들을 설교를 통해 흘러나온다면 표절이라고 단정할 수는 없을 것이다. 하지만 문제가 되는 것은 처음부터 베끼기로 작정하고 시작하는 것이다. 대지를 가져오든, 내용을 통째로 가져오든 출처를 밝히지도 않고, 남의 설교를 사용하는 것은 명백한 도용이다. '반복성' 여부이다. 설교 표절의 척도는 그런 행위가 단회적인가 반복적인가에 있다. 불가피한 행위였는가 아니면 습관적인 것인가 하는 점이다. '위선' 여부이다. 설교 표절 중에 가장 교묘한 것은 남의 설교를 기술적으로 자신의 것처럼 포장하는 것이다. 남의 예화에 나오는 이름과 일시를 살짝 바꾸어 사용하거나 남의 체험을 마치 자신의 체험인

양 둔갑시켜 사용하는 것이다. 그것은 명백한 거짓말이며 저질스러운 변조 행위다."

〈안진섭 목사〉 "다른 사람의 설교를 통째로 베껴서 설교하는 경우는 무조건 설교 표절에 해당된다. 다른 사람의 설교 아웃라인을 그대로 베낀 경우도 역시 표절이라고 할 수 있다. 아무리 자신의 이야기를 포함했다고 하여도 다른 사람의 설교 아웃라인을 그대로 가져왔다면 이는 설교 표절에 해당된다. 아웃라인은 자신이 직접 구성했어도 속 내용은 몇 편의 설교를 짜깁기한 설교도 역시 표절이라고 볼 수밖에 없다. 어느 설교자의 깊은 묵상에서 나온 문장을 마치 자신이 묵상한 결과인 것처럼 출처 없이 말하는 것도 역시 표절에 해당된다."

왜 설교를 표절할까?

〈정주채 목사〉 "설교 횟수가 너무 많기 때문이다. 한국 교회의 경우 목사들이 일주일에 공식적으로 해야 하는 설교만 해도 10회 이상이다. 작은 교회의 경우 담임목사 한 사람이 이 설교를 다 맡아야 한다. 그러니 열심히 준비한다 해도 역부족일 경우가 많을 것이다. 게으름이다. 설교자가 말씀묵상과 기도생활에 게으른 것이다. 정직하지 못한 성품 때문이다. 설교자로서의 기본 자격이 제대로 갖춰져 있지 못하기 때문이다. 교회는 일정한 신학과정을 이수한 사람을 심사해 설교를 할 수 있는 면허를 준다. 그런데 이런 자격증이 난발하고 있다. 설교 표절 문제는 좀 더 원천적으로 말한다면 신학교육의 문제요, 신학교 난립의 문제다."

〈안진섭 목사〉 "저작권에 대한 인식부족도 큰 문제다. 설교 표절에 대해 사실 신학교에서 충분히 가르치지 않고 있다. 자신의 설교를 작성할 준비가 되어 있지 않아서 표절하는 경우가 있다. 설교를 작성할 준비가 안 된 이유는 근본적으로 설교자의 은사가 없기 때문일 수도 있고, 제대로 훈련을 받지 못했기 때문일 수도 있다. 설교에 대한 신학의 부재로 인하여 설교 표절을 하는 경우가 있다. 현재 한국 교회의 목회환경은 한 마디로 약육강식의 정글이다. 교인들은 좋은 설교자를 찾아 쇼핑하듯 교회를 찾는다. 대도시에서는 이름이 알려진 대형 교회들이 다양한 프로그램으로 교인들을 끌어들인다. 경쟁력이 없으면 한 순간에 도태된다. 대부분의 목회자들이 그런 치열한 경쟁에 내몰린다. 상황이 이렇다 보니 많은 목회자들이 계시된 하나님의 말씀을 풀어 전달하는 설교를 교회성장의 도구로 생각한다. 영성이 깊은 사람으로 자신을 드러내고 싶은 설교자들의 욕망 때문에 표절을 하는 경우가 종종 있다. 실제로 거의 말씀을 연구하지 않는 설교자들이 성실한 성경연구를 통해 말씀의 깊은 세계를 경험한 듯 보이기 위해 영성 깊은 설교자들의 설교를 표절하는 것이다."

설교 표절, 무엇이 잘못이고, 왜 위험한가?

〈정주채 목사〉 "설교 표절이 심각한 이유는 단순히 저작권에 대한 침해나 윤리적인 정도의 문제가 아니라 하나님 앞에서의 범죄행위이기 때문이다. 설교 표절은 설교자 자신을 영적으로 황폐하게 만든다. 설교 표절은 교회를 황폐하게 만든다. 베껴서 하는 설교가 성도들에게 은혜가 되겠는가? 자신의 인격과 삶을 통과하지 아니한 말씀에 무슨 확신이 있겠는가? 설교 표절은 하나님을 속이고 교인들을 속이는 일이다. 따라서 자신도, 그런 설교를 듣는 교인들도 다 영혼이 쇠하지 않을 수 없다. 결국 이런 사역자들은 외식하는 자로 정죄되어 심판받게 될 것이다."

〈한진환 목사〉 "표절한 설교는 하나님의 현재적 메시지를 가로막는다. 하나님은 각 시대마다 선지자들과 사도들을 통해 말씀하셨다. 현재도 목사를 통해 말씀하시기를 원하신다. 그런데 설교자가 하나님께 받은 말씀은 없이 베끼기만 한 원고를 들고 선다면 그보다 더한 잘못이 어디 있겠는가? 설교 표절은 윤리적 문제이기에 앞서 하나님 자기 계시를 가로막는 참람한 행위다. 설교 표절은 설교자의 영혼을 고사시키는 행위다. 혹자는 설교를 통해 교인들에게 은혜를 끼칠 수만 있다면 표절인지 아닌지는 별로 중요하지 않다고 주장한다. 하지만, 그것은 선한 목적을 위해 수단은 어떠해도 좋다는 상황윤리적인 궤변이다. 설교 표절은 교회를 병들게 한다. 베낀 설교라도 은혜롭기만 하면 교인들은 영적으로 잘 성장할 수 있을까? 그렇지 않다. 교회마다 회중의 특징과 그들이 처해 있는 삶의 자리가 다르기 때문에 다른 교회에서 은혜로웠던 설교라고 해서 내 교회에서도 반드시 은혜로울 수 있다는 보장은 없다."

〈**안진섭 목사**〉 "설교 표절은 설교자 본인에게나 그 설교를 듣는 청중에게 부정적인 영향을 미칠 수밖에 없다. 먼저 설교자에게 미치는 가장 심각한 문제는 그의 설교가 전혀 발전하지 못한다는 것이다. 탁월한 설교자의 설교를 배우기 위해 참고로 살펴보는 경우는 설교 발전에 도움이 될 수도 있지만 다른 사람의 설교를 거의 그대로 베껴대는 설교를 계속하는 경우는 설교자로서의 발전을 절대로 기대할 수 없다. 설교 표절은 또한 성도들에게도 부정적인 영향을 미친다. 담임목사의 설교 표절 문제가 불거진 교회들은 한결같이 내홍을 겪는다. 자신이 듣고 은혜를 받던 담임목사의 설교가 사실은 다른 목회자의 설교를 표절한 것임을 알게 될 때, 성도들이 받는 충격은 이루 말할 수 없이 크다. 설교는 진리의 말씀을 전하는 행위이고 설교 표절은 부정직한 행위다."

5. 나가는 말

사실 한국 교계의 설교 표절 목소리와 관련된 발표를 부탁받고 '과연 한국 교회 신학자들과 목회자들은 설교 표절을 어떻게 생각하고 있을까?' 고민하면서 인터넷에서 관련 내용을 검색해봤다. 많지 않았다. 서점에 가서 '목회자 윤리'를 다룬 책을 찾아 설교 표절 문제를 어떻게 다루고 있는지 살펴봤다. 이 또한 많지 않았다.

그리고 혹시나 하는 생각에 몇몇 학술정보 사이트에서 '설교 표절'과 관련된 단행본, 연구논문, 학술지논문 등도 검색해봤다. 예상과는 달리 '설교 표절'과 관련된 자료들은 1~2편이 전부였다.

'이것이 한국 교회 현재 모습이구나!'라는 생각이 들었다. 설교 표절에 관한 인식 자체가 매우 낮다는 것을 여과 없이 보여줬다. 따라서 기독연구원 느헤미야의 이번 발표는 매우 의미 있다. 또한 최근 목회자들의 설교 표절 문제뿐만 아니라 신학자들의 표절 문제에 관해 집중적으로 보도하는 몇몇 언론사의 역할도 매우 의미있다고 생각한다.

하지만, 이러한 노력들이 과연 '한국 교회 목회자들의 설교 표절 문제를 막을 수 있을까?'라는 의구심이 드는 것은 사실이다. 현재 설교 표절을 막을 수 있는 방안을 제시한 신학자들과 목회자들의 입장은 거의 비슷하다.

신학교에서부터의 철저한 교육, 신학대학원 커리큘럼 수정, 신학교 졸업 후 교단 내에서의 목회자를 대상으로 한 설교 교육, 설교 표절 윤리 강화, 과중한 설교 축소, 유명 목회자들의 탁월한 설교를 도용함으로 자신의 설교역량을 과시하려는 '목회 성공주의 신드롬' 극복 등을 그 방안으로 제시하고 있다. 하지만 이러한 방안들은 대부분 원론적인 논의가 아닐까 싶다.

따라서 설교 표절과 관련해서 목회자들의 실력 없음을 탓하기보다는 설교 표절이 아닌 솔직하게 타인의 좋은 설교를 인용하고, 참고하면서 설교할 수 있는 방법을 제시해 주는 것이 현실적으로 더 바람직할 것이다. 설교도 훈련이다. 자꾸 해봐야 설교능력이 향상된다. 다른 목회자의 좋은 설교를 참고하는 것은 큰 도움이 될 수 있다.

　설교 초반에 자신이 인용하고, 참고한 도서나 설교문 등의 출처를 밝히고 시작하는 방법이든지, 설교 중간 중간 다른 목회자의 주장을 인용하면서도 성도들을 설득시키거나 함께 은혜를 경험할 수 있는 커뮤니케이션 기술을 가르쳐주는 것이 필요하다. 타인의 설교를 참고하거나 인용하는 것이 결코 목회자의 설교준비 능력이 부족한 것이 아니고, 설교 향상을 위해 필요한 과정임을 알려준다면 보다 솔직하게 설교준비를 할 수 있을 것이다.

　한 가지 질문해보고 싶은 것이 있다. 교계 안에서 목회·신학·학술 분야를 취재해오면서 느낀 것 중의 하나가 목회자라면 누구나 할 것 없이 '설교'를 가장 중요한 목회사역으로 알고 있다는 것이다. 물론 개인적으로 동의한다. 하지만 이와 같은 인식이 '설교 표절'을 부추기는 것은 아닌지 걱정스럽다.

　목회 안에는 설교 이외에도 전도, 교육, 봉사 등 다양한 사역이 존재한다. 설교 이외에도 훨씬 잘 할 수 있는 목회사역은 얼마든지 있다. 하지만 '설교'는 목회자의 가장 중요한 사역이라는 인식 때문에 목회자의 모든 역량이 설교 능력으로 평가받고 있다.

　"목회자의 중요한 사역이 과연 설교뿐인가?"

4장
설교의 위기, 목사의 문제인가 성도의 문제인가?

김형원
기독연구원 느헤미야 원장

설교의 위기, 목사의 문제인가 성도의 문제인가?

김형원

I. 들어가는 말

1. 한국교회의 문제들

1) 이미 오래 전부터 한국교회는 위기를 맞고 있다는 비관적인 진단이 나오고 있다. 곳곳에서 안티 기독교 세력들이 일어나고 있고, 일반 대중들도 기독교에 대한 반감을 숨기지 않고 있다. 점차 교세가 줄어들고 있고, 특히 젊은 세대의 이탈이 빨라지면서 한국교회는 위기에 대한 불안감을 점차 노출하고 있다. 교회가 현재 한국교회처럼 외부로부터 비판과 비난의 대상이 되는 것이 새로운 일은 아니다. 2천 년 교회의 역사는 비난과 박해로 점철되어 있는 역사다. 그래서 비난 그 자체가 문제는 아니다. 핵심은 비난의 이유다. 지금 한국교회가 비난받는 상황과 이전의 교회들이 경험했던 상황이 그렇게 똑 같지 않다는데 문제의 심각성이 있는 것이다. 어떤 차이가 있을까?

첫째, 예전에는 기독교가 소수자였기 때문에 당하는 박해였다. 그러나 지금은 오히려 다수파가 되었고, 숫자만 다수가 아니라 상당한 권력을 가진 집단이 되었지만, 그 위치에 합당한 모습을 보여주지 못하기 때문에 비판의 대상이 되고 있다.

둘째, 예전에 기독교에 대한 비판은 '다름과 차이'에서 비롯된 것이었지만, 지금은 '부패와 오만'에서 비롯된 것이다. 예전에는 교회가 기득권 세력의 권력 이데올로기에 맞서는 가치관을 가르치고 또한 실천했기 때문에, 권력 세력의 비판과 박해의 대상이 되었다. 제왕적 권위에 대한 도전, 고통 받는 민중들에 대한 구원의 복음, 노예, 여성, 가난한 사람 등 모든 인간의 평등함을 강조하는 가르침, 이런 것들이 권력자들의 심기를 불편하게 했기 때문에 교회는 박해를 당한 것이다. 그러나 지금은 교회 자신이 권력집단이 되어 오만한 모습을 노출하고 돈과 권력에 취해 민중들의 삶과 괴리되었기 때문에 비난을 받고 있다.

셋째, 예전에는 기독교를 박해한 사람들이 주로 왕족, 양반, 부정한 관리 등, 사회의 권력 상층부 사람들이었다. 기독교인들이 기존 체제를 뒤흔드는 가르침을 주었기 때문이다. 그러나 민중들에게서는 오히려 좋은 평가를 받기도 했다. 그러나 지금 기독교를 비판하는 사람들은 일반 대중들이다. 기독교가 권력과 돈의 노예가 되어 권력 집단화되었다고 보기 때문이다.

넷째, 이러한 차이가 초래하는 결과가 더 무섭다. 예전에는 기독교가 비판을 받을 때에도 오히려 선교의 문은 활짝 열려있었다. 기독교에서 다름과 구별됨을 발견한 사람들이 계속해서 들어왔기 때문이다. 그러나 지금은 선교가 막혀버렸다. 냄새나는 수구집단과 전혀 다를 바 없는 세력이 되었다고 보기 때문이다.

2) 이렇게 한국 교회가 타락한 이유가 무엇일까? 다양한 원인들이 제시되고 있으며, 그것들은 상당히 타당성 있는 것들이다. 돈과 권력이 많아졌기 때문에, 목사의 수가 너무 많아졌기 때문에, 기복신앙이 대세를 이루었기 때문에, 등등. 이 목록에 하나를 더 추가한다면, 교회 강단에서 선포되는 설교가 타락했기 때문일 것이다.

2. 한국교회 문제의 원인이자 결과로서의 설교

1) 한국 교회에서는 설교의 위상이 매우 높다. 예배에서 차지하는 비중이 다른 요소들에 비해 압도적으로 높다. 또한 목사를 평가할 때 가장 중요하게 보는 것 역시 설교에 대한 능력이다. 그래서 목사의 역할 중 가장 중요하게 취급되어 목사들이 가장 신경을 쓰는 것, 그렇기 때문에 거꾸로 가장 힘들어하는 것도 설교다. 또한 설교는 교회의 모습을 외부에 대표적으로 드러내는 것이기도 하다. 그래서 설교는 외부인들이 기독교를 평가하기 좋은 재료다.

이렇게 설교가 교회와 성도들의 삶에서 핵심적인 위치를 차지하고 있다는 것은 양날의 칼과 같다. 설교가 제대로 수행된다면 교회는 긍정적인 방향으로 나아갈 것이지만, 반대로 설교에 문제가 생기면 교회 전체에 부정적인 기운을 퍼뜨리게 된다. 지금 상황은 어느 쪽에 가까울까? 작금의 한국교회를 위기로 진단하고 있다는 사실이 설교의 어떠함을 간접적으로 보여주는 것이 아닐까? 그래서 우리는 한국교회 개혁의 과제를 다룰 때 설교문제를 다루지 않을 수 없는 것이다.

2) 조금 다른 측면에서 볼 때, 목사의 설교는 한국교회 타락의 원인이기도 하고 또한 결과이기도 하다. 우리 사회에 중요한 문제가 발생했을 때 구설수에 오르는 설교들이 예외 없이 회자된다. 대통령 선거, 대운하 공사, 동남아시아의 지진과 해일, 일본 쓰나미, 세월호 참사, 메르스 사태를 이상한 방식으로 하나님의 뜻과 연결 짓는 설교들 같은 것. 그 결과 수많은 설교들이 한국교회의 문제를 부추기는 원인으로 작동한다. 이와는 반대로, 한국교회 강단에서 선포되는 많은 설교들은 한국교회의 부조리를 종합적으로 보여주는 것이기도 하다. 설교는 목사의 신학, 사상, 그리고 신앙의 결집판이다. 그래서 설교는 목사의 본질을 가장 잘 드러낸다. 또한 설교는 성도들과 교회의 민낯을 드러내는 것이기도 하다. 목사가 설교를 준비하고 전달하는 과정에서

성도들의 생각과 욕구의 영향을 받기 때문이다. 그러므로 교회가 타락하면 설교가 타락하고, 반대로 설교가 타락하면 교회가 타락하게 된다. 그러기에 설교를 보면 목사와 성도들을 포함한 한국교회의 현주소를 알 수 있고, 한국교회 문제의 본질을 파악할 수 있다. 따라서 설교에 대한 개혁은 목사와 성도들, 그리고 교회에 대한 개혁의 최종 지점이라고 할 수도 있고, 반대로 설교를 개혁하는 데서부터 한국교회 개혁이 시작된다고 볼 수도 있다.

3. 쌍방 과실

한국교회 설교의 위기에 대한 주제로 본격적으로 들어가기 전에 먼저 짚어야 할 것이 하나 있다. 대개 설교 문제를 논할 때 사람들은 설교자인 목사의 문제에 초점을 맞춰서 다룬다. 목사가 설교의 주체이기 때문일 것이다. 실제로 설교의 많은 문제들은 목사가 설교의 본질을 왜곡하는 잘못으로부터 기인한다. 그러나 그것만은 아니다. 설교는 일방통행적인 커뮤니케이션이 아니다. 강단 위에서는 일방통행처럼 보이지만, 강단에 올라가기 전후에 강단 아래에서는 상당한 쌍방 교류가 일어난다. 설교자는 설교를 준비하는 과정에서 설교의 수용자인 성도들을 염두에 두게 되고, 그들의 상황과 성향과 필요들을 고려하게 된다. 결국, 성도들이 설교자에게 영향을 끼치게 된다. 그러므로 설교에 문제가 있다면, 그 원인은 목사와 성도 양 측면에서 찾아야 한다. 그래서 본 글에서는 설교의 문제점을 다루면서 목사와 관련된 것뿐만 아니라 성도와 관련된 문제까지 포함하려고 한다.

II. 목사와 관련된 문제

설교는 하나님의 말씀을 성도들에게 전달하는 행위다. 그러기에 설교는 존 스토트가 말한 대로 하나님의 말씀이라는 세계와 성도들의 상황과 삶이라는 세계를 이어주는 기능을 한다.[1] 설교는 단순히 하나님의 말씀을 대독하는 것이 아니다. 설교에는 세 가지 요소가 들어있다. 첫째, 하나님의 말씀을 지금 역사적인 현장에서 이해하는 것이다. 하나님의 말씀은 시대를 초월하는 것이지만, 어떤 상황에 있느냐에 따라 부각되는 것이나 강조되는 것이 달라질 수 있다. 둘째, 설교자의 인격적인 요소들 역시 설교의 중요한 구성 요소다. 설교는 성경말씀을 앵무새처럼 반복하는 것이 아니라, 설교자가 이해한 것을 재구성하여 전달하는 것이다. 이 과정에서 하나님의 말씀은 설교자의 이성과 인격과 삶을 통과하게 되고, 그의 개성적인 특성의 옷을 입게 된다. 즉, 설교 속에는 설교자 자신의 하나님에 대한 이해, 인간과 사회에 대한 이해, 세상과 역사에 대한 이해, 삶과 윤리에 대한 이해가 모두 담기게 된다. 수많은 설교자가 똑 같은 본문으로 설교해도 그 내용이 모두 다른 것이 바로 이 때문이다. 셋째, 청중들의 상황 역시 설교의 한 구성 요소다. 도시의 전문직 지식인들에게 선포되는 설교와 농촌 마을의 노인들에게 선포되는 설교는 다를 수밖에 없다. 표현이나 용어뿐만 아니라, 설교의 구성 자체도 달라진다. 또한 청중들이 처한 일상의 상황이나 사회적 상황에 따라 강조점이나 적용의 방향이 달라진다.

그렇다면 설교의 위기를 설교자 편에서 진단할 때 크게 세 가지 방향으로 살펴보는 것이 필요하다. 첫째는 설교자가 하나님의 말씀을 잘 이해하는지 진단해야 하고, 둘째는 하나님의 말씀이 통과하는 필터의 역할을 하는 설교자의 신앙과 신학이 올바른 것인지 점검해야 하며, 셋째로 설교자가 설교준비를 할 때 성도들의 상황을 건전하게 반영하고 있는지 살펴봐야 한다.

---

[1] 존 스토트, 『현대교회와 설교』, 정성구 역 (서울: 풍만, 1985), 151-95.

1. 성경의 이해에 관한 문제

(1) 성경연구 능력의 결핍

설교 행위는 성경을 이해하는 것으로부터 시작된다. 로마 가톨릭처럼 강론의 내용이 중앙에서 내려오거나 고교회처럼 교회력에 따른 설교 모범이 제시되지 않는 한, 설교자는 성경을 읽고 해석하고 묵상하는 작업을 스스로 해야 한다. 이것이 일반적인 개신교 설교의 특징이다. 그러므로 설교에 있어서 가장 중요한 것이 성경을 이해하고 해석하는 능력이라는 것은 분명하다. 만약 설교자가 성경을 해석하는 능력이 부족하면 설교가 난관에 부딪치게 된다. 출발부터 삐걱거리게 되기 때문이다.

그래서 신학교마다 성경을 이해하고 해석하는데 도움을 주기 위해 노력한다. 그러나 3년이라는 신학대학원 과정은 성경 66권을 모두 이해하고 해석하는데 턱없이 부족한 시간이다. 그래서 대개 성경 각권을 자세히 살피지 못하고 성경을 큰 틀로 묶어서 대략적인 개관과 신학을 가르치게 된다. **오경, 역사서, 시가서, 선지서, 복음서, 바울서신, 일반서신, 요한 문헌, 등** 결국 3년 과정을 마쳤지만 성경본문을 구체적으로 해석하고 묵상하고 적용하는 훈련을 받지 못하는 것이 현실이다. 그래서 신대원을 졸업해도 여전히 설교가 큰 부담으로 다가올 수밖에 없다.

그렇다고 설교를 안 할 수도 없기 때문에 두 가지 방향으로 출구를 찾게 된다. 하나는, 큐티 묵상 수준의 성경이해를 바탕으로 설교를 하는 것이다. 원어나 다른 번역본을 통해서 본문을 좀 더 정확히 이해하고, 본문의 배경을 살펴보고, 다양한 주석과 참고자료들을 참고하고, 해석학적 과정을 거쳐서 스스로 성경을 해석할 능력이 없기에, 목사가 되기 전부터 해오던 큐티 수준의 묵상 결과를 기초로 설교를 작성하는 것이다. 그러나 이런 식으로 계속 설교하다보면 똑 같은 자리를 계속 맴도는 듯한 느낌을 받게 된다. 어떤 본문을 설교해도 비슷한 얘기를 하게 되고, 적용 또한 어떤 한계를 넘어서지 못한다. 이것은 마치 호미로 땅을 파는 것과 같다. 아무리 애써서 파 봐야 몇 센티미터 이상 파 들어가기가 어렵다. 그래서 더 깊이 묻혀 있는 하나님의 말씀의 광맥까지 파고 들어가서 보화를 끄집어내지 못하게 된다.

　이런 문제의 타개책으로 찾은 해법이 무엇일까? 예화 중심적 교양 설교로 추락하는 것이다. 성경본문의 광맥으로 깊이 들어가기보다는 인상적인 구절이나 단어, 혹은 개념을 몇 개 찾아내고 그것과 관련된 감동적이고 교훈적인 예화들을 적절히 배치하면 이해하기 쉽고 감동도 줄 수 있는 설교를 만들 수 있기 때문이다. 더욱이 교인들이 이해하기 쉽고 재미있다는 이유로 이런 종류의 설교를 좋아하기 때문에, 설교자는 점점 더 성경을 깊이 탐구하려는 노력을 게을리 하면서 예화를 수집하는 일에만 열을 올리게 된다. 이런 설교 유형이 한국교회에서 가장 인기 있는 설교다. 그러나 심하게 말해서 그것은 설교가 아니라 교양강좌에 불과하다. 재미는 있을지 모르지만, 하나님의 말씀의 능력은 상실한 것이다. 교훈을 얻을 수 있을지 모르지만, 하나님의 마음을 이해하기에는 턱없이 부족한 것이다.

　이것보다 더 심각한 또 다른 탈출구는, 스스로 설교를 작성할 능력이 없기에 다른 사람의 설교를 표절하는 것이다. 이 문제에 대해서는 아래에서 별도의 항목으로 좀 더 자세하게 다룰 것이다.

　다행히도 최근에 신학교마다 '성경주해 과정'을 신설하여 목사들에게 성경 각권을 깊이 있게 해석하고 이해할 수 있는 기회를 제공하려고 애쓰는 것은 고무적인 현상이다. 이런 훈련을 통해서 성경을 스스로 읽고 해석하고 묵상하는 능력이 길러질 때 하나님의 말씀에 충실한 설교가 가능하게 될 것이다.

(2) 신학이 결여된 강해설교

　언제부턴가 많은 사람들이 본문을 순서적으로 설교하는 강해설교만이 진정한 설교라고 가르치기 시작했다. 그 결과, 현재 한국교회에서는 강해설교가 갑이다. 그렇다고 해서 주제별 설교나 교리 설교 같은 것이 비성경적이라고 말할 수는 없다. 한 본문이든 다양한 본문이든 성경에 충실한 설교라면 형식이 중요한 것이 아니기 때문이다. 그러나 모든 설교는 그 출발점이 성경 본문이며, 설교자가 자신의 생각이 아니라 성경이 말하는 것을 중심으로 설교해야 하므로, 강해 형식을 따르는 것이 안전한 설교 방식인 것은 분명하다.

그러나 문제는, 많은 설교자들이 정작 강해설교가 무엇이고, 어떻게 하는 것인지 잘 모른다는 데 있다. 단지 성경을 풀어서 설명을 하고 적용을 하면 강해설교가 되는 것으로 착각한다. 그 결과 설교가 단순히 일반 교인들도 하는 묵상의 수준을 벗어나지 못하게 되어, 설교를 오랫동안 들어온 교인들은 본문만 들어도 목사가 어떤 설교를 할지 예상할 수 있게 된다. 우리나라에서 강해설교를 잘 한다고 이름나 있는 목사들의 설교 역시 거의 천편일률적이다. 묵상의 깊이도 없을 뿐만 아니라, 더 심각한 문제는 그 설교 속에 신학적 깊이를 찾아보기 어렵다는 점이다. 그래서 이런 강해설교는 反신학적인 것이 되어버렸다.

강해설교는 신학과 무관한 것일까? 게어하르트 에벨링Gerhard Ebeling은 *Theology and Proclamation*이라는 책에서 "선포가 없는 신학은 공허한 것이며, 신학이 없는 선포는 장님이나 다름이 없다"고 하면서, 신학은 성경 본문을 보다 정확하게 이해하는데 도움을 준다고 말한다.[2] 그 한 예로서, 에베소서 5:18 "성령의 충만을 받으라"는 말씀을 제대로 이해하기 위해서는 '성령충만'이라는 주제에 대해 성경전체를 고려하여 체계적으로 정리한 신학의 도움을 받아야 한다고 주장한다. 그렇지 않으면 한 가지 본문만 가지고 단정적인 신학을 구성하는 잘못을 범할 수 있다는 것이다.[3] 성

---

2) Donald Macleod, "설교와 조직신학," 설교는 왜 하는가? 사무엘 로건 편집, 천정웅/서창원 역 (서울: 말씀의 집, 1990), 307에서 재인용.

3) Ibid, 309.

경의 어느 부분을 이해하기 위해서는 성경 전체와의 관련성을 고려해야 한다. 그러기 위해서는 신학의 도움을 받지 않을 수 없다. 그러므로 진정한 강해설교는 신학적인 요소를 듬뿍 담고 있을 수밖에 없다. 리차드 리스쳐가 말했듯이 신학은 주석과 설교 사이의 중재 역할을 해주기 때문이다.[4] 유명한 강해설교가인 마틴 로이드 존스나 존 스토트의 설교가 강한 신학적인 색채를 띠는 것이 우연이 아니다. 성경 한 구절을 이해하기 위해서 성경 전체가 거론되고, 관련된 신학이 총동원된다. 이런 것이 진정한 강해설교다. 이렇게 보면 좋은 강해설교를 하기 위해서는 신학적인 기반이 튼튼해야 한다. 설교가 신학적 논술은 아니지만, 설교의 중요한 평가 기준의 하나는 신학적인 것이 될 수밖에 없다.

그러나 지금 한국교회 일반은 말할 것도 없고, 심지어 신학적 훈련을 받았다고 하는 목회자까지도 신학을 너무 경시한다. 대부분의 목사들은 신학대학원 3년 동안 신학을 배운 후에 바로 목회 현장으로 들어간다. 그 3년 동안 배운 것을 기초로 평생 설교한다. 3년 동안의 신학 수업이 충분한가? 누구도 그렇게 말하지 못할 것이다. 그 기간은 신학적 사고를 정립하고 앞으로 어떻게 공부해야 할지 기초를 세우는 기간이다. 목사라면 그 이후 평생을 성경과 신학과 씨름하면서 계속 배우고 성장해야 한다. 그러나 우리나라 목회자들의 형편은 그렇지 못하다. 이것은 기독교 출판사들이 목사들조차 신학 서적을 잘 사지 않는다고 푸념하는 데에서도 확인된다. 신학교를 졸업한 이후에는 말랑말랑한 책들교회성장, 설교집, 설교에 도움이 될만한 수필이나 베스트셀러, **예화집**만 읽는다. 이런 상황에서 매주 설교를 하다보니 성경을 연구해도 깊이가 없고, 성경을 이해하기 위한 신학적 토대를 계속해서 넓게 가져가지 못하게 된다. 그러나 이런 흐름을 되돌려서 지속적인 신학 공부를 통해 신학적 지평을 넓혀서 하나님의 풍

---

4) 리차드 리스쳐, 『설교의 신학』, 홍성훈 역 (서울: 소망사, 1992), 17.

성한 경륜에 대해 이해하지 않으면 설교는 제자리를 맴돌면서 인습과 전통의 테두리를 벗어나지 못하게 될 것이다.

(3) 설교 준비 시간의 부족

한국교회 대부분의 목회자들은 위에서 제시한대로 성경을 깊이 묵상하고 해석하고 신학적 소양을 계속 늘려가려는 욕구가 있어도 현실에 존재하는 걸림돌을 제거하지 않으면 실제로 그렇게 하는 것이 불가능하다고 호소한다. 그 걸림돌은 시간의 부족이다.

2013년 한국기독교목회자협의회가 목회자 500명을 대상으로 조사한 설문 결과에 의하면, 목회자들은 일주일 동안 평균 7.5회 설교하며, 설교 준비 시간은 평균 4시간 4분으로 나타났다.[5] 설교 횟수도 많거니와 설교 한편을 준비하는데 고작 4시간이 투자된다는 점이 더 문제다. 능력이 탁월한 설교자라면 이 시간만으로도 성경에 충실하고 신학적 깊이가 있는 좋은 설교를 작성할 수 있을 지도 모른다. 그러나 아마 대부분의 설교자들은 본문을 분석하고 해석하고 이해하는 데만도 그 이상의 시간이 들어갈 것이다. 거기에다가 본문의 중요한 단어나 주제와 관련된 신학적인 자료를 살피는 데도 꽤 많은 시간이 들어갈 것이고, 그 말씀이 현대에 어떻게 적용될 수 있는지 생각하는 데도 많은 시간이 투입될 것이다. 그러나 시간이 없다. 그런 식으로 모든 설교를 준비하다가는 일주일에 7편 이상의 설교를 다 준비할 수 없을뿐더러 다른 활동은 생각도 못할 것이다.

왜 이렇게 설교를 준비할 시간이 부족할까? 두 가지 이유를 생각해볼 수 있다. 첫째는 외적 이유다. 목사가 감당해야 할 교회의 다른 업무가 많기 때문이기도 하고,

---

5) 『크리스천투데이』, 2014년 9월 2일.

또한 설교 횟수가 많기 때문이기도 하다. 둘째는 목사의 내적 이유다. 설교의 중요성을 인식하지 못하기 때문에 아무리 시간이 주어져도 충분한 시간을 들이지 않는다. 또한 어떻게 설교준비를 해야 할지 모르기 때문이기도 하다. 한국교회 목사와 성도들은 설교가 중요하다고 생각한다. 그것이 목회자의 핵심적인 역할이라고 굳게 믿는다. 그래서 설교에 목숨을 걸어야 한다는 말을 종종하고, 그런 책들도 나오기도 한다. 그러나 실제는 그렇지 않다는 것을 설교 준비에 투여하는 적은 시간이 잘 보여주고 있다. 만약 설교가 그렇게 중요하다면 이 정도 시간만 투자하지 않을 것이다. 결국, 이것은 실질적으로 설교가 목회자의 다른 활동들에 비해 홀대받고 있다는 것을 보여준다.

이 문제를 타개하기 위해서는 목사의 역할에 대한 인식의 전환이 필요하다. 목사의 가장 중요한 역할이 말씀을 가르치고 선포하는 것이라는 사실이 다시금 강조되어야 한다. 목사 스스로도 그렇게 자기 정체성을 인식해야 하고, 성도들도 목사에게 그렇게 기대해야 한다. 그래서 그런 능력이 있는 사람을 설교자요 목사로 세우고, 목사에게 스스로 연구한 설교를 요구해야 하고, 목사가 성경을 연구할 시간을 충분히 주어야 한다. 그렇게 하지 않으면 자녀들에게 값싸고 영양가 없는 인스턴트 음식을 매일 먹이는 상황과 같은 꼴이 교회에서 초래될 것이다.

(4) 설교 표절

1) **설교에 대한 훈련 부족과 설교 준비 시간의 부족**은 필연적으로 설교 표절로 이어지게 된다. 그러므로 설교 표절은 새삼스럽거나 놀랄만할 일이 아니라, 현재와 같은 한국교회 토양에서는 지극히 자연스러운 현상이다.

기윤실이 2007년 363명의 목회자를 대상으로 실시한 '설교문 작성 실태 및 의식 조사'에서 응답자 중 43%가 타인의 설교를 그대로 사용한 경험이 있다고 답변했다.

예전에는 유명 설교자들의 설교집이 표절의 대상이었던 반면, 지금은 인터넷을 통해서 쉽게 설교를 구할 수 있는 상황이다. 현재 설교 자료를 제공해주는 사이트가 20곳이 넘는다고 한다.

2) 설교에 있어서 무엇이 표절인가?

이것에 대해서는 아직도 정확한 합의가 이루어지지 않은 것 같다. 분명한 것은 논문이나 책과 마찬가지로 설교도 100% 독창적일 수 없다는 사실이다. 모든 설교자들이 다양한 소스들을 참고해서 설교를 구성한다. 이런 측면에서 설교는 에세이나 대중 연설문과 같은 성격이 있다고 말하기도 한다. 그래서 설교가 학술적 논문과 같은 것이 아니기 때문에 그것과 동일한 기준을 요구할 수 없다는 것은 분명하다. 또한 설교는 글이 아니라 대중에게 말로 전달하는 것이기 때문에 사용한 자료의 출처를 일일이 밝히는 것이 곤란하다는 것도 사실이다. 그렇다면 대중적 연설과 유사한 성격을 가진 설교가 가진 표절의 기준은 무엇일까?

우리는 여기서 두 가지를 구분하는 것이 좋을 것이다. 하나는, 설교 중간에 어떤 책이나 잡지, 신문과 같은 자료, 혹은 주석이나 다른 설교의 어떤 부분을 사용하는 문제다. 이것은 설교에 맛을 더해주고, 근거를 탄탄하게 해 주고, 청중들을 설득하는 데 유용한 기능을 한다. 그러나 이 때 어떤 자료나 에피소드를 통째로 사용하면서 출처를 밝히지 않고 마치 자신의 것인 것인양 사용하면 그것은 표절이다. 그러므로 이럴 경우에는 이런 식으로 언급하는 것이 좋을 것이다. "며칠 전 제가 읽은 000의 책에 보면 이런 이야기가 나옵니다. …" "000가 그의 책 000에서 자신의 경험을 이야기 했는데 그것은 저에게 많은 생각을 하게 해 주었습니다. 그래서 그 이야기를 소개하려고 합니다. …" 이렇게 출처를 밝히는 것은 설교자를 능력이 모자라는 사람으로 만들거나 부끄럽게 하지 않는다. 오히려 설교자가 많은 자료를 참고하면서 연구했다는

것을 보여주면서 설교자의 말에 신빙성과 권위를 더해줄 수 있다.[6]

두 번째 종류의 설교 표절은 다른 사람의 설교를 자신의 것인양 사용하는 것이다. 이 문제를 다루기 위해서 한국기독교목회자협의회는 2014년 9월에 '설교 표절, 왜 심각한 문제인가'라는 주제로 열린 마당을 개최했다. 발표자들은 안진섭, 정주채, 한진환 설교 표절을 구분하기 위한 기준들을 각자 몇 가지씩 제시했다. 표성중 발제문 참고 필자의 생각으로는 다음 세 가지가 설교 표절의 최소한의 기준으로 사용될 수 있을 것으로 보인다. 첫째, 다른 사람의 설교를 상당 부분 베끼는 경우, 둘째, 남의 설교들을 짜깁기해 자신의 것처럼 둔갑시키는 행위, 셋째, 다른 사람의 예화를 마치 자신의 것인양 이야기하는 행위.

3) 설교 표절이 왜 문제인가?

첫째, 설교 표절은 다른 사람의 생각을 허락도 없이 빼내오는 도둑질과 같은 것이기 때문에 잘못된 것이다.

둘째, 설교 표절은 교인들에 대한 기만행위다. 교인은 특별한 언급이 없는 한 목사가 스스로 성경을 연구해서 설교를 만들었다고 생각한다. 그런데 그 설교가 목사의 것이 아니라 다른 사람의 것이라면 교인들을 속이는 것이다.

셋째, 설교 표절은 목사의 직무유기다. 대부분의 목사는 설교자로 세움 받았다. 그것이 목사로서 가장 중요한 임무다. 그것은 단순히 설교를 전달하는 것이 아니라 설교를 작성하는 것까지 포함하는 것이다. 그런데 남의 것을 베끼는 것으로 대신하는 것은 목사로서 가장 중요한 직무를 유기하는 것이다. 목사로서의 특권과 의무를 스스로 포기하는 것과 같다.

---

[6] 이렇게 솔직하게 출처를 밝히면서 표절을 피할 수 있는 방법에 대해서 제이미 버킹검이 좋은 아이디어를 제시해주고 있다. 해돈 로빈슨 외 공저, 『확신에 이르는 설교』, 김진우 역 (서울: 도서출판 횃불, 1995), 95-104.

넷째, 설교 표절의 가장 큰 문제는 설교의 본질을 부정하는 행위이기 때문이다. 앞에서도 언급했듯이 설교는 세 가지 요소를 포함한다. 첫째, 하나님의 말씀을 지금 역사적인 현장에서 이해하는 것, 둘째, 하나님의 말씀을 이해하는 설교자의 신학적이고 인격적인 요소들, 셋째, 청중들의 상황. 설교는 동일한 시공간에 있는 사람들에게 시대를 초월한 하나님의 말씀을 잘 이해하여 선포하는 것이다. 그렇기에 다른 사람이 이해한 설교, 상황과 인식이 다른 사람들을 대상으로 작성한 설교를 그대로 가지고 올 수는 없다. 설교는 일방적인 것처럼 보이지만 실제로는 쌍방적 의사소통이다. 그러므로 현장성, 상황성, 시의성이 매우 중요하다. 그런데 설교를 표절하게 되면 이런 요소들이 모두 죽어버린다. 설교자가 스스로 깨달은 말씀도 아니고, 설교자의 신학과 인격과 삶이 들어 있는 설교도 아니고, 설교자 앞에 있는 청중들을 고려한 것도 아니기 때문이다. 그러므로 설교 표절에 따르는 다양한 문제가 있지만, 가장 큰 문제는 지금 살아있는 하나님의 말씀이 선포되어야 하는데, 실제로는 '죽은 설교'가 선포된다는 점이다. 성도들은 당장은 이 사실을 인식하지 못할지도 모른다. 그러나 서서히 죽어가게 된다. 마치 불량식품을 자주 먹다 보면 서서히 몸이 망가지는 것과 비슷하다.

4) 표절의 원인이 무엇인가?[7]

첫째, 설교표절의 가장 큰 원인은 목회자들이 해야 하는 설교의 횟수가 너무 많다는데 있다. 설교준비 시간이 부족하기 때문에 쉽게 사용할 수 있는 남의 설교를 베끼려는 유혹에 넘어가는 것이다.

둘째, 설교 표절의 또 다른 원인은, 목사가 설교자로서 충분한 훈련을 받지 못

---

[7] 2014년 9월 2일 한목협 주최 '설교 표절, 왜 심각한 문제인가'라는 주제의 열린 마당에 참석했던 패널들은 표절의 이유로 과도한 설교 횟수, 목회자로서의 자질 부족, 신학교 난립, 신학 교육의 패착, 목회 성공주의 신드롬을 꼽았다.

한 탓도 있다.

셋째, 설교자가 설교를 잘 하는 목사로 인정받고 싶은 욕망 역시 설교를 표절하는 데 큰 역할을 한다. 그렇게 인정받아야 교회가 부흥할 수 있다고 생각하기 때문이다.

넷째, 인터넷의 발달로 베낄 수 있는 설교들을 손쉽게 구할 수 있다는 점도 큰 유혹으로 작용한다. 목사들을 도와주겠다는 수많은 설교은행 사이트들이 결국 이런 경향을 조장한다고도 볼 수 있다.

5) 설교표절의 원인을 그대로 뒤집으면 설교표절에 대한 처방을 찾을 수 있다.

첫째, 목사가 해야 하는 설교 횟수를 줄여야 한다.

둘째, 목사는 목회에 필요한 다른 훈련보다 설교 훈련을 잘 받는 것이 필요하다.

셋째, 목사가 목회성공주의, 교회성장주의, 그리고 자기과시 유혹에서 벗어나야 한다.

넷째, 목사로서의 역할에 대해 재인식을 해야 한다. 목사로서 가장 중요한 의무와 특권이 설교라는 것을 다시 인식하는 것이 필요하다. 다른 것을 충분히 못하더라도 설교 하나만은 제대로 해야 한다고 생각해야 한다. 그러나 실제 한국교회는 목사에게 다른 부수적인 기능들을 너무 많이 요구하고 있다. 인식의 전환과 더불어 이런 상황이 개선되지 않는 한 설교표절의 문제는 결코 해결될 수 없을 것이다.

2. 설교자의 신앙/신학과 관련된 문제

하나님의 말씀을 잘 이해하는 것이 설교의 첫 번째 요소라면, 하나님의 말씀을 이해하고 해석하는 설교자의 신학적이고 인격적인 요소들 역시 설교의 중요한 구성요소다. 설교자는 객관적인 메시지를 비인격적으로 단순 전달하는 사람이 아니다. 복음의 증인으로서 자신이 보고 듣고 느끼고 경험하고 이해한 것을 자신의 인격을 담아 증거하는 것이 설교자의 역할이다. 토마스 롱의 "증거는 단지 말이 아니라 오히려 말과 행동을 동시에 필요로 한다. 그러므로 증인 전체의 삶이 곧 증거가 되어야 한다"는 말은 진실이다.[8] 그러므로 설교자의 신앙과 신학이 잘못되면 그로부터 나오는 설교도 문제가 있을 수밖에 없다.

(1) 설교는 설교자의 신앙 수준을 보여준다.

목사들은 안수를 받을 때 대부분 '부름 받아 나선 이 몸 어디든지 가오리다. ... 존귀 영광 모든 권세 주님 홀로 받으소서. 멸시 천대 십자가는 제가 지고 가오리다. 이름 없이 빛도 없이 감사하며 섬기리다'찬송가 323장와 같은 헌신의 찬송을 불렀을 것이다. 이제부터 자신의 영광을 구하지 않고 오직 주님의 영광을 구하고, 다른 사람들을 섬기는 삶을 살겠다고 헌신하면서 목사의 길로 들어섰다. 그러나 목사가 되고 목회를 하면서 점차 욕심이 생긴다. 섬기고 희생하겠다는 다짐은 "육신의 정욕과 안목의 정욕과 이 생의 자랑"요일 2:16 앞에서 눈 녹듯이 사라진다. 그래서 더 큰 교회를 만들어서 인정을 받고 영광을 누리려고 하고, 하늘에 보물을 쌓기보다는 이 땅에서 대접받으면서 더 편하게 살려고 욕심을 부린다. 이런 행태를 보이는 목사들은 그리스도의 헌신과 희생을 따를 마음이 없고, 미래 하나님의 심판과 보상을 믿지 않는 것처럼 보인다.

삶의 모습이 이러한데 그에게서 나오는 설교가 다를 수 있을까? 본인이 세상 정욕의 노예가 되었는데 그것과 배치되는 설교를 할 수 있겠는가? **물론 말과 행동이 전혀 다른 설교자들도 얼마든지 찾아볼 수 있다.** 결국 '토대가 상부를 결정한다'는 마르크스의 말은 여기서도 그대로 적용된다. 목사들이 발을 딛고 살고 있는 곳, 그의 주위에 있는 사람

---

8) 토마스 롱, 『설교자는 증인이다』, 서병채 역 (서울: 기독교문서선교회, 1998), 62.

들, 그리고 그를 둘러싼 환경들이 그가 하는 말, 그가 가르치는 것, 그리고 그의 설교에 그대로 반영될 수밖에 없다. 권세 있고 부유한 사람들에 둘러싸여, 아쉬울 것 없는 환경에서 살면서, 큰 교회를 이룬 것이 높이 평가받고 존경을 받는 분위기 한복판에서 더 크고 부유하고 힘이 있는 교회를 추구하는 목사가 고아와 과부와 나그네들의 하나님, 섬기러 오신 예수님, 스스로 낮아져서 십자가를 지신 예수님의 길을 따르라는 설교를 외칠 수 있을까? 그러므로 목사들의 설교에 문제가 있다면 그것은 일차적으로 목사들의 생각과 삶에 문제가 있기 때문이다. "못된 열매 맺는 좋은 나무가 없고 또 좋은 열매 맺는 못된 나무가 없느니라. 나무는 각각 그 열매로 아나니 가시나무에서 무화과를, 또는 찔레에서 포도를 따지 못하느니라."눅 6:43-44 좋은 나무라야 좋은 열매를 맺을 것이다. 삶에서 진정한 믿음의 모습을 찾아볼 수 없는데 그 입에서 나오는 설교가 올바른 것일 가능성은 희박하다. 설령 아무리 멋진 설교를 외친다고 해도 삶이 그것과 부합되지 않는다면, 그것은 마치 헤롯의 포효처럼 사람들에게 아무런 유익도 주지 못하고 스스로 침몰의 길로 이끄는 것이 될 것이다. 행 12:21-23 그러므로 좋은 설교자가 되기 위해서는 먼저 좋은 신자가 되어야 한다.

(2) 이원론 신학

설교는 하나님의 말씀과 성도들의 삶을 이어주는 것이다. 성경이 수천 년 전에 고대 근동 세계에서 기록된 것이기 때문에, 지금 우리의 삶과 직접적 관련이 있는 문제들을 다루지 않을 때가 많다. 생명윤리, 정치, 경제, 금융, 교육, 국제 정세, 환경, 의식주, 직장 생활, 대중문화, 등등 그렇다고 성경에서 직접적으로 언급하고 있는 것만 우리의 삶에 적용하는 것은 미시적이고 표면적이다. 해석의 과정은 성경 시대에 주어진 말씀의 본질적 의미를 밝혀서 그것이 제시하는 초시간적이고 초문화적인 메시지를 추출해내는 작업이다. 그렇게 해야 성경이 고대의 유물로 머무는 것이 아니라, 우리의 삶과 관련을 맺게 된다. 이렇게 지난한 신학적 해석 작업을 거쳐야 성경의 메시지가 우리 시대에도 적용이 가능한 살아있는 메시지로 나타난다. 그러나 이 작업을 소홀히 하면서 설교를 작성할 때, 설교의 방향은 이원론적인 신앙을 부추기는 쪽으로 나아가게 된다. 성도들의 종교적 삶과 사회적 삶을 분리하는 이원론, 그리고 개인적 삶의 영역과 사회구조적 영역을 분리하는 이원론.

1) **종교적 vs. 사회적 이원론** : 목사를 포함해서 많은 그리스도인들이 신앙이 좋다는 것을 교회생활을 잘 하고, 종교적인 활동에 열심을 내는 것으로 착각한다. 성경 읽고 공부하기, 기도, 예배 참석, 헌금, 교회 봉사가 신앙을 판별하는 거의 유일한 기준이다. 종교생활을 잘 하는 것을 신앙이 좋은 것으로 착각하는 것이다. 이것은 은밀한 형태의 '성속 이원론'이다. 교회와 관련된 활동은 거룩한 반면, 그 외의 활동은 필요악처럼 여기는 것이다. 이런 경향이 잘 드러나는 것이 교회의 직분자를 세울 때다. 대부분의 교회는 바울의 권면에 별로 주의를 기울이지 않고**딤전 3:2-7, 딛 1:7-9**, 주로 교회와 관련된 항목들만을 기준으로 신앙이 좋은지 여부를 평가한다. 따라서 교회 외부에서도 '선한 증거'를 받는 자인지 별로 주목을 하지 않는다**딤전 3:7**. 관심도 없거니와 알려고 해도 잘 알 수 없는 영역이기 때문이다. 그런데 이런 이원론을 부추기는 것이 목사의 교회 중심주의, 혹은 교회 환원주의적 경향이다. 목사의 일터는 교회다. 목사의 성공여부는 교회에서 판가름 난다. 목사의 권력은 교회에서 나온다. 이런 상황이 자신도 모르게 신앙에 대해 편협한 관점을 갖게 만들고, 성경을 볼 때도 그런 관점에서만 보게 만든다. 이런 사고방식은 설교의 구성, 적용, 예화 등 모든 부문에 영향을 미치면서, 아무리 다양한 본문을 가지고 설교를 해도 결론이나 적용은 언제나 교회생활 잘 하라는 것으로 귀결되는 것이다.

2) **개인적 vs. 사회구조적 이원론** : 교회 환원주의와 더불어 목사를 사로잡고 있는 것이 사회-구조적 차원을 무시하고 오직 개인윤리만 강조하는 이원론이다. 이런

현상은 이미 십계명을 해석하는 데서부터 나타난다. 십계명을 평면적으로 읽으면서 개인적인 윤리로만 받아들이는 것이다. 살인하지 말라, 간음하지 말라, 도둑질하지 말라, 거짓말 하지 말라, 거짓 증거하지 말라, 네 이웃의 소유를 탐내지 말라. 그러나 이런 헌법적 계명들이 이스라엘 백성들의 삶에 구체적으로 적용될 때에는 사회적 차원까지 확장된다는 것을 염두에 두어야 한다. 거짓말하지 말라는 것은 상거래와 경제 제도에서 정직할 것을 요구하는 데까지 나아가고, 도둑질은 고용주가 정당한 임금을 주지 않는 문제까지 확대되며, 간음은 음란한 문화로까지 이어지고, 거짓 증거는 판사가 뇌물을 받고 부당한 판결을 하는 문제로 이어지며, 이웃의 소유를 탐내는 것은 불의한 법을 만들어서 타인의 삶을 착취하는 악행으로 확장된다.

개인적 삶뿐만 아니라 사회-구조적 영역 또한 하나님의 창조 세계의 한 부분이고, 우리가 살아가야 하는 세상의 일부라는 점을 인식한다면, 우리가 믿음을 발휘해야 할 영역은 개인적인 삶을 넘어서 사회-구조적인 문제까지 포함되어야 하는 것이 당연하다. 실제로 우리의 삶은 개인적 영역과 사회-구조적 영역이 뗄 수 없는 관계로 연결되어 있기 때문에, 이 두 가지를 분리하는 것 자체가 불가능하다. 마치 직무에 충실할수록 더 많은 유대인들을 죽이게 되는 나찌 당원의 딜레마와 같은 것이다. 우리의 삶이 이렇게 복합적이고 성경의 관심사가 이렇게 광범위함에도 불구하고, 왜 설교자의 메시지는 개인윤리적 차원에만 머물러 있는가? 그것은 설교자 자신이 성속 이원론과 개인-사회 이원론에 깊숙이 매몰되어 있기 때문이다. 결국, 그런 신학적 관점이 성경을 보는 눈을 왜곡하고, 설교에 영향을 끼치게 되며, 성도들의 신앙을 편협하게 만드는데 일조하는 결과를 낳게 된다.

현재 많은 교회에서 선포되는 설교는 어떤 본문을 설교해도 결론은 교회 생활 잘 하라는 것, 그리고 도덕적으로 살라는 것으로 귀결되는 것을 보게 된다. 목사의 신학이 그러하니 설교도 그러한 것이다. 결국, 목사가 이원론에서 탈피하여 통합적 세계관에 기초한 신학을 견지하고 있어야 성경을 바르게 이해하고 그 바탕 위에 바른 설교를 할 수 있게 된다.

3. 성도와의 관계에서 초래되는 문제

설교 행위 속에는 설교자 편의 두 가지 요소 외에 설교를 전달하는 대상인 성도들 역시 설교의 한 구성요소를 이룬다. 앞에서도 언급했듯이, 설교는 겉으로는 일방통행적인 커뮤니케이션으로 보이지만, 실제로는 쌍방통행이기 때문이다. 설교자는 설교를 준비하거나 전달하는 과정에서 청중들과 실제적으로 혹은 가상으로 대화를 하게 된다. 설교자와 성도 사이의 상호작용이 설교에 부정적인 영향을 주게 될 때, 설교의 위기가 초래된다. 어떤 설교자는 마치 청중들이 존재하지 않는 것처럼 설교해서 문제이기도 하고, 다른 설교자는 지나치게 청중들을 의식한 결과 설교의 핵심조차 변질시키기 때문에 문제가 되기도 한다.

(1) 세상, 그리고 그 속에서 살아가는 성도들의 삶을 모르는 목사

성도들이 마치 진공 상태에서 살고 있거나 교회 안에서만 사는 것처럼 생각하면서 설교하는 사람들이 있다. 설교자가 성도들의 삶의 정황을 잘 모르는 것이다. 설교는 하나님의 말씀을 현실 세계를 살아가는 성도들의 삶과 연결하는 것이다. 그렇다면 하나님의 말씀을 잘 깨달아야 하는 것과 더불어 세상과 세상을 살아가는 성도들의 삶 역시 잘 알아야 설교의 본질에 충실한 설교를 할 수 있다. 그러나 대부분의 설교자가 주로 교회 안에만 거하고 있기 때문에 바깥세상을 잘 모른다.

그 결과, 하나님의 말씀을 세상 속에서 어떻게 적용하면서 살아야 하는지 바른 지침을 제시해주지 못한다. 세상에 살면서 당면하는 수많은 이슈들에 대해 어떻게 생각하고, 판단하고, 결정하고, 행동해야 할지 바른 방향을 제시해주어야 하는데**결론**

까지는 아니더라도 최소한 어떻게 생각해야 하는지, 목사 자신이 성도들이 발을 딛고 사는 현실 세계를 잘 모르기 때문에 이 역할을 감당하지 못한다. 결국, 설교는 편협한 종교적인 삶만을 강조하는 교회환원주의로 귀결되고 만다.

이런 점에서 목회를 하면서도 다양한 이유로 다른 직업을 갖게 되는 목회자들의 경험이 오히려 긍정적인 기능을 하기도 한다. 성도들이 살아가는 세상에서 그들과 동일한 경험을 하고 있다는 것은 성도들을 이해하는데 도움이 될 뿐만 아니라, 세상의 구조와 작동원리를 이해하는데도 큰 도움이 된다. 이런 경험은 거꾸로 성경을 보고 적용하는 관점에도 영향을 주면서 교회환원주의를 탈피할 수 있는 기회를 제공해주기도 한다. 이처럼 설교자는 최대한 text성경뿐만 아니라 context세상를 이해하려고 애써야 한다.

(2) 교인들의 상황과 타협하는 설교

한편에서는 세상과 성도들의 삶의 현장을 너무 모르기 때문에 설교에 문제가 생기는 반면, 다른 한편으로는 성도들의 사정을 너무 잘 알아서 그것에 부합하느라 text성경의 메시지를 변형시키면서 문제가 발생하기도 한다. 교인들이 들어야 할 하나님의 말씀을 전하는 것이 아니라 그들이 원하는 것을 주고 그들이 싫어하는 것을 회피하려는 마음이 설교에 그대로 담기는 것이다.

예를 들어, 관행적으로 갑의 횡포를 일삼는 대기업을 다니는 집사가 먹고 살기 위해서 어쩔 수 없이 회사에서 시키는 대로 할 수밖에 없다는 것을 목사가 이해하게 되면 어떤 메시지를 던질 수 있을까? 약자를 압제하지 말고 정당하게 대우하라는 말씀을 가감 없이 전할 수 있을까? 장관, 국회의원, 재벌 등 사회의 권력자들이 예배당 앞자리에 즐비하게 앉아 있는 교회에서 그들의 심기를 건드리는 설교를 할 수 있을까? 기러기 아빠가 남전도회 구성원의 꽤 많은 수를 차지하고 있는 교회에서 가족이 함께 살아가는 것이 중요하다는 설교를 과감하게 전할 수 있을까? 교인들의 사정을 모른다면 성경에서 깨달은 대로 주저 없이 선지자적 설교를 전할 수 있을 테지만, 혹시 내 설교 때문에 상처를 받거나 반감을 갖게 될지도 모르는 교인들의 얼굴이 떠오르게 되면 이런 메시지를 전하는 것이 그렇게 만만한 일이 아니다.

이런 상황에서 설교자가 주저하게 되는 두 가지 이유가 있다. 하나는, 설교자가 마음이 약해서 교인들에게 부담을 주는 설교하기를 주저하게 되는 경우다. 이럴 경우에 우회적인 방법을 취하기도 한다. 설교에서 직접 문제를 거론하기보다는 개인적으로 권면하거나 소그룹 성경공부를 통해서 하나님의 뜻을 알려주는 것이다. 이런 방식이 지혜롭다고 볼 수도 있지만, 그럼에도 불구하고 설교의 능력과 영광은 그만큼 약해지게 된다. 그러나 훨씬 더 어두운 동기로 인해 설교를 왜곡하는 경우도 있다. 그것은 목사 자신이 성공/권력 지향적이어서 돈과 권력이 교회를 더 풍성하게 만들며 복음 사업에 도움이 될 것이라는 확신이 있기 때문에 힘 있는 성도들에게 아부하는 설교를 하는 경우다. 이것과 연결되는 것은, 교회 성장주의에 깊이 매몰된 목사가 교인들에게 부담을 줘서 교회를 떠나게 하는 상황을 만들지 않으려고 성도들을 불편하게 하는 설교를 전하지 않는 것이다.

밴 패터슨은 "설교자는 연기자이기 때문에 그의 의식 속에는 언제나 자신이 설교하는 설교 내용이 사람들의 애호와 칭찬을 받기를 바라는 마음이 자리 잡고 있게 마련이다. 그 바람이 너무나 강한 나머지 그는 청중의 기호에 지진계처럼 민감해진다. 설교자가 선전가propagandist가 되는 것은 바로 이러한 시점이다"라고 지적한다.[9] 성도들과 타협하는 순간 설교는 갈 길을 잃게 된다. 이것이 지금 한국교회 강단에서 일어나고 있는 일이다.

---

9) 해돈 로빈슨 외 공저, 『확신에 이르게 하는 설교』, 142.

(3) 감성적 설교

청중들을 부정적으로 의식하는 설교의 또 다른 측면은 청중들에게 '감동'을 주어서 울리고 웃길 수 있는 설교를 좋은 설교라고 생각하는 것이다. 하나님의 은혜의 말씀은 그 자체로 우리를 감동의 도가니로 밀어 넣어 전율하게 만들기도 하고, 우리를 놀라운 희열로 휩싸이게도 한다. 하나님의 영광과 임재 앞에서 느끼는 우리의 자연스런 감정인 것이다. 그러나 때로는 설교자가 감동과 희열이라는 결과를 이끌어내기 위해서 그 작동 원인을 다른 것으로 대체하려고 유혹을 받기도 한다. 그래서 하나님의 진리의 말씀과 영광의 임재, 자비로운 은혜를 인간적인 이야기나 꾸며낸 예화로 바꾸어놓는다. 어떻게 하든 청중들이 감동을 받고 즐거워하면 성공한 것이라고 생각하기 때문이다. 물론 성경의 진리를 잘 대변해줄 수 있는 예화를 통해 우리가 큰 감동과 기쁨을 맛볼 수도 있다. 그러나 그것이 과도하게 될 때 머리와 꼬리가 뒤바뀌는 것이다.

감동과 즐거움 그 자체가 목적이 되면 설교자는 개그맨이나 예능 사회자처럼 입담으로 청중들을 휘어잡으려고 연기를 하게 되고, 또한 자신의 삶이나 경험과는 상관없는 감동적인 예화를 찾는데 혈안이 되고, 그것을 더 감동적으로 만들기 위해 원래 없던 내용을 집어넣어 조작하는 일도 감행하게 된다. 이것은 설교에 어떤 '느낌'이 올 때 '은혜'를 받았다고 착각하는 교인들에게 영합하는 것이며, 그렇게 해서 '은혜스런 설교자'라는 칭찬을 듣고 싶기 때문에 발생하는 현상이다.

이런 행태의 부작용은 설교자와 청중 양쪽에서 모두 나타난다. 설교자는 하나님의 말씀을 잘 분별하여 참된 진리의 말씀을 전하려고 애쓰기보다, 설교를 포장하는데 더 많은 신경을 쓰게 된다. 설교를 할 때에도 자신이 하나님의 말씀의 대언자라는 사실을 잊고 마치 설교의 성패가 모두 자신에게 달려있듯이 자신의 언변으로 성도들을 쥐락펴락하려는 유혹을 받게 된다. 그렇게 해서 성도들이 의도했던 반응을 보이면 설교는 성공을 한 것이고 성도들로부터 칭송을 받게 된다. 결국, 설교의 영광은 하나님이 아니라 설교자의 것이 된다. 하나님의 영광을 탈취하는 것이다.

청중 편에서는 어떤 문제가 발생할까? '은혜로운 설교'는 수많은 종류의 쾌락처럼 중독성이 있다. 그래서 성도들을 그런 방식에 길들게 만든다. 그렇게 해서 성도들은 감상感傷의 안개에 취해서 하나님의 말씀의 진수가 어디에 있는지 놓치게 된다. 감정은 일시적이지만 진리는 영원하다. 감동을 받은 사람이 순간적으로 열정을 보일지 모르지만, 진리에 기초하지 않은 맹목적 열정은 위험하다. 하나님나라와 그의 의가 무엇인지 모르는 열정이기 때문이다. 그 결과, 우리가 따라가고 있는 이 세대의 문제가 무엇인지 살피지 못하는 감동, 나의 어떤 마음을 새롭게 해야 하는지 자기 성찰을 하지 않는 열정, 하나님의 선하시고 기뻐하시는 뜻이 무엇인지 모르는 감정으로 전락하게 된다. **롬 12:2**

III. 교인들의 문제

설교의 위기의 또 다른 면에는 왜곡된 설교를 지지하는 성도들의 문제가 도사리고 있다. 잘못된 방식으로 설교를 하는 목사들을 설교 잘 한다고 추켜세우면서 은혜 받았다고 좋아하는 성도들이 있기 때문에 목사들이 계속해서 그런 방식으로 설교를 하는 것이다. 그러므로 설교의 문제를 해결하기 위해서는 단지 목사들에게 책임을 묻는 데서 그칠 것이 아니라 성도들의 설교에 대한 태도 역시 점검해야 한다.

1. 감성적 설교에 대한 요구

설교에 여러 가지 요소가 있지만 가장 중심적인 것은 하나님의 말씀이다. 하나님의 생각과 뜻을 이해하는 것이 설교의 최대 목적이 되어야 하는 것은 분명하다. 그러므로 설교에 임하는 성도들의 관심사 역시 하나님의 말씀을 더 잘 이해하고 깨닫는 것이 되어야 한다. 마치 베뢰아 사람들처럼 "간절한 마음으로 말씀을 받고 이것이 그러한가" 상고하는 태도가 요구된다. 행 17:11

그러나 작금의 한국교회 성도들은 설교를 주로 내가 '은혜를 받았는가' 하는 것으로 판단한다. 설교를 통해서 하나님의 은혜를 체험할 수 있다면 좋은 일이다. 그러나 여기서 은혜를 받았다고 할 때 의미하는 것은 '감동'을 받았다는 것이고, 감동은 거의 전적으로 '감정적인 것'이다. '말씀이 그러한가' 깨닫는 데서부터 오는 감동이기보다는 멋진 예화와 재미있는 스토리를 통해서 받는 감동에 더 가중치를 두는 것이다. 마치 통닭을 먹을 때 닭고기 자체의 맛보다는 튀김가루와 양념 맛을 기준으로 판단하면서 말로는 '닭이 맛있네 맛없네' 하고 말하는 것과 비슷하다. 본질을 제쳐두고 포장지만으로 판단하는 것이다. 그래서 하나님의 말씀을 이해하고 깨닫는 것에는 별 관심이 없다. 오로지 가슴만 들이댄다. 예수님께서 엠마오로 가던 제자들에게 말씀을 풀어주시는 것처럼 성경을 중심으로 하는 설교는 당연히 논리적이고 이성적인 작업이 기초가 된다. 그 후에 마음이 뜨거워지는 역사가 뒤따르는 것이다. 그러나 성도들은 인내심이 부족하다. 성경을 깊이 있게 파고들면 지루하다는 반응을 보이면서 그저 '은혜'만 요구하고 감동적인 것만 요구한다.

교인들이 이런 식으로 설교에 접근하게 되면 목사들은 성도들의 욕구를 감지하고 성도들을 만족시키기 위해 점차 성경 메시지 자체에 집중하기보다 어떻게 하면 '은혜를 끼칠까' 하는데 더 신경을 쓰게 된다. 그렇게 해야 설교 후에 더 많은 성도들이 와서 '은혜 받았습니다' 하는 반응을 보이면서 우리 목사님이 설교를 잘 한다고 평가하기 때문이다. 그 결과, 하나님의 말씀의 본질에 대한 이해는 사라지고, 설교는 점차 '반지성적'인 것이 되어버린다. 그 결과, 교인들의 영혼은 점점 더 파리해져 간다. 그러므로 설교의 회복은 성도들이 하나님의 말씀의 진리를 이해하고 그것에 전인격적으로 반응하는 태도가 회복되어야 가능해진다.

2. 성경과 신학에 대한 무지

한국교회의 큰 병폐 중 하나는 신학은 오직 목사나 신학자들만 하는 것이라고 여기는 태도다. 그래서 성도들이 성경과 신학을 좀 더 깊이 알고자 하는 노력에 대해 부정적인 반응을 보이고, 또한 실제로 그런 욕구를 채울 수 있는 기회조차 얻기가 어렵다. 이것은 믿음을 내용과는 상관없이 맹목적으로 순종하는 것으로 정의하는 것과 연관된다. 그래서 설교에 대한 태도 역시 이성적이고 분석적이고 논리적으로 접근하기보다, 무조건 감성적으로 나아오라고 암묵적으로 요구받고 있다. 이것은 중세 가톨릭의 오류를 그대로 반복하는 것이다. 성경이 모든 성도들에게 주어졌고, 모든 사람이 하나님 앞으로 나아갈 수 있다는 것을 부정하는 태도다. 그렇기 때문에 목사가 어떤 소리를 해도 맹목적으로 '아멘'해야 한다고 생각한다. 스스로 분별하려는 노력을 하지 않고 수동적인 태도로 일관하는 것이다.

성도들의 신학적 수준이 낮고 맹목적으로 수용하는 태도만 보일 때, 목사의 설교를 검증할 길은 사라진다. 그래서 성경을 잘못 해석해도 아무도 모르고, 헛소리를 해도 아무도 이의제기하지 않는다. 그 결과, 목사는 성경을 깊이 연구하려는 노력을 게을리 하게 되고, 하나님의 말씀을 증거 하는 것이 아니라 자신의 생각을 집어넣으려는 유혹을 받으면서 악순환에 빠지게 된다. 그러나 이와는 반대로, 성도들이 성경에 대한 지식과 신학적 소양이 높을수록 목사의 설교가 잘못된 길로 나갈 위험은 그만큼 줄어든다. 설교자가 스스로 더 조심하게 되고 말씀 연구에 더 심혈을 기울이기 때문이다. 이렇게 해서 악순환을 선순환으로 전환시키는 것이 필요하다.

3. 세속주의

현재 한국교회에서 설교를 위기로 몰아넣는 가장 주요한 요인은 목회자의 성공주의와 더불어 성도들의 세속주의다. "육신의 정욕과 안목의 정욕과 이생의 자랑"에 깊이 물든 성도들은 자신들의 욕구를 인정해주고 충족시켜줄 수 있는 설교를 원한다**요일 2:16**. 이것은 바울이 말세에 대해 예견한 상황과 비슷하다. "때가 이르리니 사람이 바른 교훈을 받지 아니하며 귀가 가려워서 자기의 사욕을 따를 스승을 많이 두고, 또 그 귀를 진리에서 돌이켜 허탄한 이야기를 따르리라"**딤후 4:3-4**. 이들에게 '바른 교훈'이나 '진리'는 전혀 관심사가 아니다. 다만 내 욕구를 채울 수 있는 방법을 제시해 주고, 나를 책망하거나 바꾸려고 하지 말고 내가 지금 잘 하고 있다고 인정해주고 위로해주는 설교자를 원한다.

이런 욕구를 충족시키기 위해 설교자는 처세술적 설교, 심리적 위로를 주는 설교, 죄나 잘못을 지적하여 불편하게 하지 않고 즐거움과 만족을 주는 설교를 해야 한다는 압박을 느끼게 된다. 그래야 교인들이 좋아하고, 설교에 은혜를 받았다고 하고, 다음 주에도 다시 교회에 올테니까. 결국, 설교 시간은 성도의 욕망과 목회자의 욕망이 만나 춤을 추는 현장이 된다. 설교가 타락하지 않을 수 없다.

IV. 나가는 말

설교는 개신교 예배에서 중심적인 위치를 차지하는 매우 중요한 행위다. 설교를 통해 성도들은 하나님과 그의 말씀의 영광을 직면하게 되고, 하나님의 깊으신 뜻을 이해하게 되고, 이 세상에서 하나님의 자녀로서 어떻게 살아가야 할지 방향을 제시받게 된다. 그래서 설교는 다른 것으로 대체하기 어려운 영광의 순간이 된다. 그러나 마치 유대의 종교지도자들이 하나님께 드리는 성전 제사를 탐욕의 도구로 전락시켰던 것처럼, 하나님과 그의 말씀의 엄위하심을 경홀히 여기는 설교자와 성도들로 인해 설교는 인간 욕망의 거래소로 변질된다.

설교자들은 자신에게 맡겨진 직무가 얼마나 영광스러운 것이며 얼마나 막중한 책임감을 요구하는 것인지 깨닫고 하나님과 그의 말씀의 광맥으로 들어가려고 더욱 노력해야 한다. 설교를 교회를 성장시키는 도구로 여기는 잘못된 생각 대신, 이 땅에서 갈 바를 알지 못하고 헤매는 성도들에게 하늘의 영광의 빛을 비추어 하나님의 은혜의 보좌로 나아가게 인도하는 길잡이로 여겨야 한다. 그렇다면 그는 어떤 기법을 생각하기 이전에 하나님의 온전한 증인이 되려고 노력하게 될 것이다.

목사들이 설교가 무엇인지 배워야 한다면, 성도들 역시 설교의 본질에 대해서 배워야 한다. 일주일에 몇 편씩, 일 년에 수백 편씩 듣게 되는 설교가 무엇인지 제대로 인식하지 못하면 잘못된 기대를 하거나 잘못된 요구를 하는 위험에 빠질 수 있기 때문이다. 또한 설교의 핵심인 하나님의 말씀에 대한 기대와 열망을 다시 회복해야 한다. 단순히 귀를 즐겁게 하는 설교, 재미있는 설교, 부담 없는 설교, 감성을 터치하는 설교와 같은 비본질적인 것에 초점을 맞추는 것이 아니라, 하나님의 말씀 그 자체에 집중하는 태도가 필요하다. 하나님의 말씀의 영광을 경험하고, 말씀을 깨닫게 될 때 얻는 환희를 경험하고, 그 앞에 무릎 꿇는 태도가 필요하다. 그래서 아무리 즐겁고 재미있고 교훈적인 설교라도 하나님의 말씀의 신비와 영광을 제대로 드러내지 못하는 설교는 거부하고, 그렇게 설교하는 목사들을 밀어내는 용기와 결단이 필요하다.

이렇게 설교자와 성도 양쪽에서 설교에 대한 태도의 변화가 동시에 일어나야 설교의 위기 상황이 타개되고 한국교회가 새로워지게 되는 전기가 마련될 수 있을 것이다.

5장
그러면 어떻게 준비하고 설교할 것인가?

조석민
에스라성경대학원대학교 신약학교수

그러면 어떻게 준비하고 설교할 것인가? 조석민

I. 들어가는 말[1]

한 지역교회에서 책임을 맡아 목회를 하는 목회자에게 한 주일 동안의 설교 횟수가 우리나라의 경우처럼 많은 나라가 얼마나 더 있을지 모르겠다. 한국교회에서 목회자의 설교는 일주일 동안 쉬지 않는다. 예를 들면, 매일 새벽기도회, 주일 오전과 오후 예배, 수요예배, 금요기도회, 기타 교인의 특별 행사와 교회의 여러 행사에서 행해지는 설교가 그것이다. 한국교회의 상황에서 목회자는 설교 기계처럼 설교를 계속해서 만들어내고 감동을 주어야 한다. 그 만큼 설교자로서 한국교회의 목사는 많은 설교의 부담을 갖고 목회하게 된다. 설교의 횟수가 많아지니 설교의 내용은 깊이를 잃어버리고 점점 얄팍해진다. 목회자는 그 속에서 설교의 부담을 덜어보려는 어리석은 생각에 사로잡히고 설교 표절로 쉽게 미끄러진다. 이런 상황이라면 설교자가 설교 표절로 부담을 덜어보려고 할 것이 아니라, 설교의 횟수를 줄이는 것이 해답일 것

---

[1] 이 글은 필자의 글, "묵상에서 설교까지", 「큐티저널」 8 (2011), 5-11에 게재했던 것을 기초로 수정 보완한 것이다.

이다. 허공을 울리는 말잔치의 설교가 아니라, 단 한 번의 설교일지라도 청중이 그 말씀을 듣고 하나님의 사랑과 은혜를 경험하며 삶과 행동의 변화가 일어나는 설교가 되어야 할 것이다.

설교자가 설교를 하려면 자신이 먼저 본문을 이해하고 깨달아서 적용할 수 있어야 한다. 그러기 위해서 설교자에게 본문 묵상과 신학적 이해 및 연구는 필수적이다. 이런 점에서 모든 설교자는 본문을 깊이 묵상하고 연구해야 한다. 설교할 성경본문에 대한 묵상과 이해가 없는 설교는 설교의 본질에서 떠나 있다고 해도 결코 지나친 말이 아닐 것이다. 그러면 어떻게 준비하고 설교해야 할 것인가? 설교자는 성경본문을 묵상하면서 설교를 준비해야 한다. 그렇다면 성경묵상은 설교자에게 본문을 해석하고 설교할 때 어떤 역할과 기능을 하고 있는가? 이 물음에 대답하기 전에 성경묵상과 설교에 대한 간략한 정의定義가 필요하다.

'성경묵상'은 일반적으로 그리스도인들이 날마다 하나님의 말씀을 읽고 생각하며 자신의 삶에 적용하는 것을 의미한다. 이것을 '큐티QT', '경건의 시간', '성경읽기', 등으로 부르기도 한다. 성경을 읽고 깊이 생각하며 자신의 삶에 적용하는 것은 그리스도인들에게 매우 중요한 생활신앙의 모습과 태도이다. 설교자도 이런 삶의 모습에서 예외일 수 없다. 하나님의 말씀인 성경을 매일 읽고 깊이 생각하며 하나님의 뜻을 헤아려서 살아가는 것은 그 자체가 그리스도인들의 삶의 기초이기 때문이다.

'설교'는 하나님의 말씀인 신구약성서의 한 부분을 설교자가 먼저 묵상하고 관찰하여 적용할 내용을 파악한 후, 그 본문의 의미를 올바로 이해하기 위하여 해석학의 방법을 사용하여 해석한 내용을 전달하는 것이다. 이런 설교는 설교자의 인격 및 영성과 성경묵상의 깊이가 반영된 행위이다. 하나님의 말씀을 해석한다는 관점에서 설교자는 해석자이며, 동시에 해석된 성경 말씀을 청중을 향하여 전달한다는 입장에서 전달자이다. 하지만 설교자는 단순히 기계적인 전달자가 아니라, 해석하여 깨달은 메시지를 자신이 먼저 진리로 믿고 실천해야 하는 사람이다. 설교자가 설교할 성경본문을 묵상하고 자신에게 적용하며 전달한다는 면에서 설교는 삶의 실천이며 신앙고백의 행위라고 정의할 수 있다.

   설교자에게 성경 묵상은 필수적이기에 '성경묵상'과 '설교'의 정의를 토대로 설교자의 성경묵상이 본문을 해석하여 설교에 이르기까지 서로 밀접하게 관련되어 있는 내용들을 살펴보려는 것이다. 첫째, 설교자의 성경묵상이 무엇을 의미하는지, 설교와 관련하여 간략하게 논의할 것이다. 둘째, 설교자가 설교할 성경 본문을 묵상하는 것과 그 성경 본문의 해석이 서로 어떤 관련성이 있는지 살펴볼 것이다. 셋째, 성경묵상과 설교의 관련성을 설교의 실제를 통해서 제시할 것이다. 이 소고가 설교 표절이 난무하는 오늘날 자신의 온 삶으로 준비하는 설교자들의 설교 준비에 작은 도움이 되기를 기대한다.

1. 설교 준비로서의 성경묵상

  설교자의 성경묵상은 어떤 의미인가? 설교가 하나님의 말씀인 신구약성서의 본문을 설교자 자신이 먼저 묵상하고 본문을 해석하여 설교하는 것이기에 설교자의 성경묵상은 설교에 있어서 필수불가결한 요소이다. 설교자의 성경묵상 없이 '설교'는 불가능하다고 말할 수 있다. 설교할 본문을 설교자가 깊이 묵상하여 그 의미를 깨닫고 자신에게 적용하며 해석학의 원리를 사용하여 자신이 깨달은 내용이 적절한 것인지를 확인한 후 설교하는 것은 설교자의 기본자세이다. 설교자가 설교할 본문에 대하여 묵상하며 자신에게 적용하지 않으면서 설교하는 것은 설교를 단순히 기계적으로 전달하는 것에 지나지 않는 생명력이 없는 지식과 정보 전달의 수단에 불과하다.

  설교자가 설교할 성경 본문을 묵상하면서 그 의미를 이해하려고 애쓰며, 그 가운데 깨달은 말씀을 자신에게 먼저 적용하고 설교를 준비할 때, 비로소 그 설교는 단순한 지식 전달이 아니라 생명력이 있는 말씀이 될 수 있다. 성경묵상을 통해서 본문을 생각하며 의미를 깨달을 때 단순한 문자적 의미가 아니라 살아있는 실천 가능한 말씀이 될 수 있다. 이런 점에서 설교자의 성경묵상은 본문과 더불어 삶 속에서 설교자가 깊이 고민하며 본문을 이해하고 적용하려는 처절한 싸움이다. 설교자가 설교할 성경 본문에 대하여 묵상하지 않고 설교를 준비하는 것은 본문에 대한 생각과 고민 없이 지식과 정보의 전달로서 또는 자신의 의도를 전하려는 수단으로 생각한다는 의미이다. 설교자는 말씀과 더불어 생각을 하며 그 고민과 생각 속에서 깨달아진 것을 해석학의 도구를 통해서 확인하여 설교해야 한다.

성경 본문을 앞에 두고 생각하며 고민한다는 것은 어떤 실천적 결론을 얻으려는 과정으로 목표에 이르는 방법을 찾으려는 것이다. 사람은 정보를 인지한 후 생각하고, 그 생각을 정리하여 사상을 만들고, 그 사상에 따라 행동한다. 그래서 성경 본문을 묵상하면서 생각한 후 그 내용을 정리하여 설교하는 것은 설교자에게 가장 자연스러운 일이다. 하지만 설교자가 자신에게 적용한 말씀대로 살지 않고 말로만 전달하면 설교를 듣는 청중들은 잠시 그 내용에 귀를 기울일 수 있겠지만, 일상에서 드러난 설교자의 행동과 삶의 결과를 통해서 진실과 거짓 사이를 쉽게 알게 된다. 설교자의 행동과 삶을 통해서 설교자가 무엇을 생각하고 있으며 가치의 우선순위가 무엇이며, 무엇을 믿고 있는지 자연스럽게 보여주기 때문이다. 이런 점에서 설교자가 설교할 본문의 말씀을 먼저 묵상하고 연구하여 그 말씀을 자신에게 적용하면서 설교하지 않으면 생명력을 잃게 된다.[2]

---

2) 성경묵상에서 적용과 관련하여 다음의 책을 참조하라. W. Henrichsen and G. Jackson, 『성경, 어떻게 적용할까』, (서울: 목회자료사, 1990); D.M. Doriani, 『적용, 성경과 삶의 통합을 말하다』, (서울: 성서유니온선교회, 2009).

설교자가 성경묵상을 통해서 설교를 준비하며 고려해야 할 사항은 현재의 사회적 상황이다. 성경 본문을 자신에게 집중시켜서 적용하지만 설교자는 사회적 상황을 무시하면 안 된다. 성경말씀이 오늘의 삶에서 살아있는 하나님의 말씀으로 적용 가능한 것이라면 개인뿐 아니라 그 개인이 살고 있는 교회 공동체와 사회의 상황 속에서 적용되어야 하기 때문이다. 그러므로 사회의 여러 가지 다양한 상황을 이해하며 성경 본문을 적용하려고 노력해야 한다. 현실을 무시한 성경묵상이란 이런 점에서 종교적 관습에 지나지 않게 되며, 자기 의를 쌓아 두는 경건의 모양을 드러내는 것에 지나지 않는다. 설교자는 이런 점에서 한 손에 성경을 들고 묵상하면서 동시에 매일 신문과 방송을 통해서 알 수 있는 사회, 정치, 경제, 문화 및 여러 가지 다양한 상황에 민감해야 한다. 설교자가 설교할 성경 본문에 대하여 묵상을 한다는 것은 해석학의 도구를 통하여 본문에 접근하는 기초적이며 일차적인 행위라고 할 수 있다.

2. 성경묵상과 본문 해석

성경묵상은 성경 본문을 해석하는 것인가? 아니면 성경 본문을 해석하는데 어느 정도 기여하는가? 대부분의 성경묵상은 성경 본문을 해석하는데 집중하기 보다는 적용에 우선순위를 둔다. 이런 점에서 성경묵상이 곧 바로 성경 본문에 대한 해석이 될 수 없다. 그래서 설교자는 성경묵상과 함께 해석자로서 성경을 올바로 해석하기 위한 해석학의 여러 도구들을 사용하는 것이 필요하다. 성경을 해석하기 위한 해석학의 도구는 너무나도 다양하기에 획일화해서 한 마디로 소개하기 힘들다.[3] 이미 설교자들은 건전한 해석학적 도구를 알고 있고 그것을 적용할 수 있는 사람들이다.

---

3) 설교자를 위한 성경해석방법의 다양한 내용에 대하여, 강성열 외, 『설교자를 위한 성서해석학입문』, (서울: 대한기독교서회, 2002)을 참조하라.

만일 그렇지 않다면 설교자는 성경묵상과 함께 성경해석학을 배워서 다양한 도구들을 미리 준비해야 한다.

하지만 성경 본문을 해석하기에 앞서 먼저 성경묵상을 통해서 단순하지만 일차적 의미를 확인하며 해석학의 과정을 거친다면 설교자는 올바른 설교 준비의 첫 단계를 지나가고 있는 셈이다. 성경묵상을 통해서 깨달아진 말씀이지만 그 지식이 본문의 문맥에 맞는 것인지를 해석자는 확인하고 검증해야 한다. 이런 과정을 통해서 설교자는 성경 본문의 의미를 올바로 이해할 수 있고, 성경묵상을 통해서 자신이 깨닫고 적용하려는 내용들이 올바른 것인지를 확인할 수 있다. 성경묵상을 통해서 자신의 의도와 사상을 따라 성경 본문의 의미를 왜곡시켜 엉뚱하게 적용하면서 특별한 적용이라고 고집을 부리면 성경묵상도 해석도 모두 신뢰할 수 없다. 이런 점에서 설교자의 건전한 성경묵상이 필요하다. 건전한 성경묵상이란 하나님께서 성경말씀을 통해서 역사하시지만 그 날의 성경 본문에만 가두어서 하나님의 뜻을 이해하면 안 된다는 의미이다. 예를 들어, 내가 지금 계획하고 있는 일에 어느 정도의 사람이 필요한지 잘 몰라서 고민하고 있는데, 오늘 묵상한 성경 본문에 30이라는 숫자가 나온다고 그것을 하나님께서 알려주신 사람의 숫자라고 적용한다면 이것은 특별하고 신비한 적용이 아니라, 문자적이며 엉뚱한 이기적 적용을 한 것이며, 성경의 의미를 완전히 왜곡시키는 미신적 행위가 된다.[4] 이런 행위가 성경묵상을 하는 그리스도인들 가운데 자주 나타나는 현상으로 매우 우려스러운 성경묵상의 폐해이다.

설교자가 성경 본문을 설교하기 위하여 그 본문을 묵상하고 해석할 때, 오류를 범할 다양한 위험에 직면할 수 있다. 설교자가 본문 해석과 관련해서 흔히 범하는 오

---

[4] 송인규, 『성경 어떻게 적용할 것인가』 (서울: 성서유니온선교회, 2001), 8-9, 190-91에서 저자는 이런 적용을 개인이 적용에서 체험한 '비상한 묵상 경험'으로 제시하지만 이것은 논리적으로 일반화의 오류를 범하는 것이며, 성경묵상의 미신화(bibliomancy)를 초래하게 된다. 성경묵상에서 적용만능주의, 적용제일주의는 가장 조심해야 할 위험 요소이다.

류는 다음 두 가지로 압축될 수 있다.[5] 첫째, 설교자가 성경 본문을 해석하면서 본문의 의미를 파악하는 대신 자기가 하고 싶은 말을 본문 속에 주입하는 것이다. 이런 현상은 설교자의 '고정관념'이나 '선입견', '신학적 혹은 신앙적 취향이나 기호'와 '자신의 의도' 때문에 일어나는 현상이다. 이런 경우 성경 본문은 설교자의 도구나 증거자료로 전락된다. 둘째, 설교자가 성경 본문이 말하고자하는 의미를 무시하거나 전혀 깨닫지 못하고 놓치는 것이다. 이것은 앞에서 언급한 설교자의 고정관념, 선입견, 취향, 신학 및 신앙적 선호, 등과 관련하여 나타나는 현상으로 결국 성경 본문을 있는 그대로 꼼꼼히 묵상하고 살피지 않은 결과이다. 이 두 가지 현상이 설교자들에게 흔히 나타날 수 있는 오류로 성경 본문을 묵상하고 해석하면서 본문에 자신의 의도를 주입하거나 본래의 의미를 지나치는 경우이다.

일반적으로 성경묵상의 결과가 그 성경 본문의 해석으로 직접 연결되는 경우가 많지 않기에 성경을 묵상하는 자는 항상 매우 조심해야 한다. 성경묵상이 성경 본문에 대한 올바른 해석의 터 위에서 적용할 내용을 찾아야 하지만 많은 경우 자신의 의도를 주입하고 자신의 결정과 생각을 합리화하는 수단으로 전락하는 경우가 많다. 설교자가 성경묵상을 이렇게 사용하면 해석은 없고 적용만 나타나며 그 적용은 자신의 뜻을 관철시키는 도구가 된다. 성경묵상에서 해석이 나오려면 단순히 성경 본문 자체만 갖고 생각하고 이해하려고 할 것이 아니라, 그 본문의 역사 및 종교 문화적 배경을 이해하기 위하여 필요한 여러 가지 도움을 얻어야 한다. 성경묵상 후에 설교자는 자신이 묵상한 내용이 올바른지 점검해야 하는데, 성경주석은 바로 이 때 필요한 것이다. 성경주석을 통해서 무엇이 잘못되었는지 확인하며, 어떤 내용이 올바로 이해되었는지 알 수 있다. 이런 점에서 성경묵상과 성경 해석의 차이를 분명히 인식

---

5) 정창균, 『고정관념을 넘어서는 설교』 (수원: 합동신학대학원출판부, 2002), 115-17을 참조하라.

할 필요가 있다.

    설교자가 설교할 성경 본문에 대한 깊은 묵상 없이 성경주석을 의지하여 설교문을 작성하여 설교한다면 설교를 듣는 청중들에게 지식과 정보의 전달은 가능할 것이다. 하지만 이런 정도에서 설교문을 작성한다면 생명력 있는 하나님의 말씀이 전달될 수 없고 청중들로부터 생명을 걸고 실천하려는 의지는 나타나지 않을 것이다. 설교자의 성경묵상과 함께 그 성경 본문의 해석을 해석학의 다양한 도구를 통해서 의미를 깨달아 설교할 때 단순한 지식과 정보의 전달을 넘어서 생명을 전하는 일이 될 수 있다. 설교자의 성경묵상은 깊은 샘에서 물을 길어 올리는 것과 같아서 그 물을 마시는 자들이 생수의 맛을 느낄 수 있기 때문이다. 해석학의 도구를 통해서 설교할 성경 본문의 의미를 알 수 있지만 성경묵상을 통한 설교자의 깨달음과 적용이 없다면 그 설교는 생명을 전하는 것이 아니라 죽은 의미를 전하는 도구로 전락할 수 있다.

3. 성경묵상과 설교의 실제

    그러면 성경묵상과 설교의 연결점은 무엇인가? 설교자의 성경묵상이 설교에 어떤 영향을 줄 수 있는가? 일반적으로 설교자는 성경 본문의 내용을 전달할 때 가장 효과적인 방법을 고려하기 때문에 설교학의 여러 가지 요소들을 생각한다. 설교학의 제반 요소란 설교에서 메시지를 효과적으로 전달하기 위한 다양한 커뮤니케이션 이론들과 청중에 대한 심리학 이론들, 설교자와 청중의 상황 분석 이론들, 설교 장소에서 사용되는 음향 효과와 조명에 대한 여러 이론들을 의미한다. 이런 여러 이론들은 매우 설득력이 있고 어떤 점에서 효과적인 것이 사실이지만 그것이 설교의 긍정적인 효과를 항상 보장해 주지는 못한다.

설교가 설교자 자신의 지식이나 탁월한 언변으로 청중을 사로잡거나 감동을 주려는 것이 아니기에 설교자는 설교학의 여러 가지 요소보다 성경 본문을 묵상하며 겸손히 성령 하나님의 섭리하심을 의지해야 한다. 설교자 자신이 설교할 성경 본문을 먼저 묵상하고 자신에게 적용하면서 그 내용을 전달할 때, 설교학의 제반 요소를 고려하지 못했을지라도 실천적 진리를 전하고 있기에 오히려 생명력이 전달될 수 있다. 만일 설교자가 설교하려고 선택한 성경 본문이 히브리서 13:1-9이라면, 설교자는 먼저 성경 본문을 깊이 묵상해야 한다. 설교자는 이 성경 본문을 설교하기 위하여 본문이 새 언약 공동체인 교회 공동체를 위한 믿음 생활의 적용을 집중적으로 다루고 있는 히브리서 11:1-13:19의 한 부분임을 알고, 깊이 묵상하며 본문과 씨름해야 한다. 히브리서 기자는 본문에서 그리스도인의 윤리와 하나님의 말씀을 가르치는 지도자에 대한 태도를 교훈한다. 먼저 1-4절은 그리스도인의 윤리적 삶에 대하여, 5-6절은 그리스도인의 청빈에 관하여, 7-9절은 믿음의 공동체를 인도하는 지도자들에 대한 태도를 교훈한다.

먼저, 히브리서 13:1-4절을 묵상하면 본문에 등장하는 "생각하라"는 말이 사람과 관련하여 3절과 7절에 각각 등장하는 것을 알 수 있다. 설교자는 성경묵상을 통하여 본문에서 "생각하라"는 말과 관련하여 "너희도 함께 갇힌 것 같이 갇힌 자를 생각하고 너희도 몸을 가졌은즉 학대 받는 자를 생각하라"3절는 것을 알 수 있다. 이것은 형제 사랑의 구체적 적용을 교훈하는 말로 설교자가 본문을 묵상하면서 자신의 주변에 이와 같은 사람들이 누구인지 먼저 생각하게 한다. 또한 그 생각의 결과로 나타나는 행동이 무엇인지 깨닫게 한다. 그 생각으로 말미암아 나타나는 행동은 결국 형제 사랑의 실천적 행동이다.

성경 본문에 등장하는 **"감옥에 갇힌 자들"**과 **"학대 받는 자들"**은 그 당시 복음으로 말미암아 고난 받고 있는 그리스도인들을 의미한다. 당시 그리스도를 믿고 그 말씀대로 살아가는 사람들에게 고난은 선택이 아니라 필수 과목이었다. 이 말씀은 오늘날 하나님의 약속을 신뢰하고 자신의 삶을 맡긴 사람들이 당하는 고난을 직시直視하고 생각하라는 것임을 알 수 있다. 이와 같이, 히브리서의 저자는 형제 사랑의 행위를 끊임없이 지속할 것을 권면한다. 그래서 나그네 대접을 소홀히 하지 말 것을 교훈한다. 참조. 레 19:34, 신 10:18-19 "형제 사랑"과 "나그네 대접"에 대한 두 가지 윤리적 개념은 히브리서 저자의 독특한 개념이 아니라, 초기 기독교의 생활 윤리에 속하는 일반적인 개념들이다.[6]

이어지는 성경 본문 5-6절을 묵상하면 세속적인 소유와 그에 대한 그리스도인들의 태도를 어느 정도 알 수 있다. 본문에서 세속적인 소유와 그에 대한 그리스도인들의 태도를 교훈한다. 먼저 "돈을 사랑하지 말고 있는 바를 족한 줄로 알라 그가 친히 말씀하시기를 내가 결코 너희를 버리지 아니하고 너희를 떠나지 아니하리라 하셨느니라."5절고 교훈한다. 히브리서 기자는 돈을 사랑하지 말고 현재 가지고 있는 것에 만족하라고 권면한다. 설교자는 오늘 말씀에서 돈을 사랑하지 말아야 한다는 교훈과 현재 자신이 가지고 있는 것에 만족하라는 권면을 들을 수 있다. 그리고 그 이유가 하나님께서 보호하시고 돌보시기 때문임을 알 수 있다. 이것을 설교에 적용할 때 물질에 대한 생각의 총체적 모습이 돈에 대한 집착으로 나타나는 것을 알 수 있다.[7]

돈에 대한 가치관은 한 사람의 철학과 세계관을 반영하는 것으로 때로는 신앙의 수준에 이르기 까지 한다. 결국, 재물은 인간이 하나님을 의지하고 있는지 알 수

---

6) 초기 그리스도인의 삶의 정황에 대하여 다음을 참조하라. A.J. Malherbe, 『초기 그리스도교의 사회적 이해』, (서울: 대한기독교서회, 1994); J. Jeremias, 『예수시대의 예루살렘: 신약성서시대의 사회경제사 연구』, (서울: 한국신학연구소, 1988).

7) 돈과 물질에 대한 설교자들의 기본적인 사고와 사상의 정립을 위하여 다음을 참조하라. J. Ellul, 『그리스도인의 선택- 두 주인: 하나님이냐 돈이냐』, (대전: 대장간, 2010); 박득훈, 『돈에서 해방된 교회』, (서울: 포이에마, 2014).

있는 시금석이 될 수 있다는 교훈이다. 설교자는 자신이 먼저 돈을 사랑하지 말고 현재 가진 것에 만족해야 한다는 것을 깨달을 수 있다. 그 이유가 하나님께서 우리를 도와주시는 분이시고, 아무도 우리를 해할 수 없기 때문임을 묵상한 결과라면, 설교자는 하나님만을 절대 신뢰하면서 사는 그리스도인의 삶이 무엇인지 확신 있게 설교할 수 있을 것이다. 설교자는 잠언 30:8에서 "저를 가난하게도 부유하게도 하지 마시고, 오직 저에게 필요한 양식만을 주십시오."라고 기도한 것을 기억할 수 있을 것이다. 초기 기독교 공동체는 모든 염려를 내려놓고 예수의 뒤를 따르라고 권면한다. **참조. 마 6:34; 빌 4:6; 벧전 5:7** 물질에 대한 생각은 한 사람의 행동을 좌우한다.

믿음의 공동체와 관련하여 성경 본문 7-9절을 묵상하면 설교자는 먼저 믿음의 공동체를 인도하는 지도자들을 본받으라는 교훈을 알 수 있다. 설교자는 이런 경우 자신에게 적용하기 보다는 설교를 듣게 될 청중에게 본문을 적용하려는 유혹을 받게 된다. 하지만 설교자는 먼저 자신에게 이 구절들을 적용하면서 교회 공동체의 지도자들이 과거에 어떻게 살다가 죽었는지 살펴보게 되며, 그들의 믿음을 본받아야 한다는 것을 알아야 한다. 본문의 공동체 지도자들이 누구인지, 교회안의 어떤 직책을 의미하는지 분명하지 않지만, 이들은 공동체의 사람들에게 말씀을 전하는 사람들이 분명하다.

지도자와 관련하여 히브리서 저자는 17절에서 "너희를 인도하는 자들에게 순종하고 복종하라 그들은 너희 영혼을 위하여 경성하기를 자신들이 청산할 자인 것 같이 하느니라 그들로 하여금 즐거움으로 이것을 하게하고 근심으로 하게 하지 말라 그렇지 않으면 너희에게 유익이 없느니라."고 교훈한다. 교회 공동체의 지도자들은 무엇보다도 말씀의 전달자들로서 영혼을 감독하는 역할을 책임지고 있다는 것을 알 수 있다. 설교자의 유혹은 17절에서 청중들이 교회 공동체의 지도자를 근심하게 하면 유익하지 않다는 무서운 경고를 하려는 유혹을 받게 된다. 하지만 이것은 본문의 교훈에서 중요한 핵심을 놓치는 것이다. 믿음의 공동체를 인도했던 지도자들이 가르친 말씀의 내용을 8절 "예수 그리스도는 어제나 오늘이나 영원토록 동일하시니라."에서 어느 정도 짐작할 수 있다. 이 말씀은 초대 교회의 신앙고백이며, 동시에 공동체 지도자들의 가르침이었던 것이 분명하다. 이런 신앙고백은 한 사람의 믿음을 정리하여 표현하는 것으로 그 고백은 그 사람의 삶의 틀 자체인 것이다.

히브리서 기자는 믿음의 지도자들이 가르친 신앙 고백적 교훈과 관련해서 "여러 가지 다른 교훈에 끌리지 말라 마음은 은혜로써 굳게 함이 아름답고 음식으로써 할 것이 아니니 음식으로 말미암아 행한 자는 유익을 얻지 못하였느니라."9절고 교훈한다. 설교자는 이 말씀을 묵상하면서 자신이 먼저 여러 가지 목회 세미나와 훈련에 참여하는 것과 관련하여 자신에게 먼저 적용하고 본문의 의미를 생각해야 한다. 여러 가지 이상한 가르침으로 말미암아 올바른 길로부터 벗어나 끌려 다니고 있는 것은 잘못된 가르침에 이미 생각이 집중되어 사상으로 고착되고 행동으로 이끌고 있기 때문이다.

본문에 제시된 여러 가지 이상한 교훈들은 "음식에 관한 규정"**참조. 고전 8:1-13, 롬 14:1-23**으로 그리스도인의 마음을 강건하게 하는 것은 은혜이지 어떤 규칙을 지키는 것이나 금지된 음식을 피하는 것이 아님을 가르친다. 사람들은 몇 가지 율법적 규정을 생각하며 그것을 준수하는 것이 신앙이라고 생각한다. 하지만 믿음의 공동체를 인도하는 지도자들은 그런 규정으로 사람들을 인도할 것이 아니라, 그리스도를 생각하며 그를 배워서 올바른 사고의 틀을 만들어 살아가도록 교훈해야 한다는 것을 알 수 있다.

나가는 말

지금까지 이 글에서 어떻게 설교자가 설교 표절의 유혹을 받지 않고 설교 준비를 하여 설교할 수 있을지 생각해 보았다. 설교자는 설교할 성경본문을 깊이 묵상하고 연구하며 설교를 준비하여 설교해야 한다. 설교를 준비할 때 성경묵상은 설교자에게 성경 본문을 해석하고 설교 작성을 할 때 가장 먼저 해야 거쳐야 할 순서이다. 성경묵상과 함께 성경본문을 해석학의 도구를 사용하여 깊이 연구하여 설교를 작성해야 한다. 성경묵상과 본문의 연구 없이 설교한다는 것은 먼저 자신을 속이는 일이며, 성경말씀을 통해서 하나님의 인도하심을 받으려고 모인 많은 사람들을 잘못된 길로 인도하는 것이다. 설교가 성경에 대한 지식과 정보를 전달하는 기계적인 단순한 기술이 아니기에 설교자의 성경묵상은 반드시 필요하다. 성경묵상과 함께 설교자는 설교할 성경 본문을 오늘날의 상황에 적절하게 적용할 수 있도록 준비해야 한다. 설교자가 설교할 성경본문을 묵상하고 깨달은 말씀을 해석하여 자신이 먼저 진리로 믿고 실천적으로 적용하고 설교할 때 설교는 성경 본문에 대한 설교자의 신앙 고백이며 삶이 된다. 설교자가 성경본문을 깊이 묵상하고 해석학의 도구를 사용하여 연구하며 설교를 준비하여 설교할 때 생명력이 있고, 하나님의 말씀은 능력으로 나타난다.

참고 문헌

강성열 외, 『설교자를 위한 성서해석학입문』, 서울: 대한기독교서회, 2002.

박득훈, 『돈에서 해방된 교회』, 서울: 포이에마, 2014.

송인규, 『성경 어떻게 적용할 것인가』, 서울: 성서유니온선교회, 2001.

정창균, 『고정관념을 넘어서는 설교』, 수원: 합동신학대학원출판부, 2002.

조석민, "묵상에서 설교까지", 「큐티저널」 8 (2011), 5-11.

Doriani, D.M., 『적용, 성경과 삶의 통합을 말하다』, 서울: 성서유니온선교회, 2009.

Ellul, J., 『그리스도인의 선택- 두 주인: 하나님이냐 돈이냐』, 대전: 대장간, 2010.

Henrichsen, W. and G. Jackson, 『성경, 어떻게 적용할까?』, 서울: 목회자료사, 1990.

Jeremias, J., 『예수시대의 예루살렘: 신약성서시대의 사회경제사 연구』, 서울: 한국신학연구소, 1988.

Malherbe, A.J., 『초기 그리스도교의 사회적 이해』, 서울: 대한기독교서회, 1994.

저자 프로필(실린 순서)

권연경
- 미국 풀러신학대학원 (M.Div.)
- 미국 예일대학교 (S.T.M.)
- 영국 킹스칼리지 런던 (Ph.D.)
- 현)숭실대학교 기독교학 교수

배덕만
- 서울신학대학교 신학대학원 (M.Div.)
- 미국 예일대학교 (S.T.M.)
- 미국 드류대학교 (Ph.D.)
- 현)건신대학원대학교 교회사 교수
- 현)주사랑교회 담임목사

표성중
- 대전 침례신학대학교(신학과)
- 세종대학교대학원(신문방송학과)
- 기독교연합신문(아이굿뉴스) 기자
- 현) 신학웹진 데오스앤로고스 대표
- 현) 좋은이웃교회 담임목사
- 현) 굿미션네트워크(GMN) 기획실장

김형원
- 총신대학교 신학대학원 (M.Div.)
- 미국 고든콘웰신학대학원 (Th.M.)
- 미국 보스턴 대학교
- 미국 트리니티복음주의신학대학원(Ph.D.)
- 현)하.나.의.교회 담임목사
- 현)월간 복음과상황 발행인
- 현)성서한국 이사장

조석민
- 합동신학대학원대학교(M.Div.)
- 영국 글로스터셔 대학교(B.A.)
- 영국 Trinity Theological College(ADPS)
- 영국 브리스톨 대학교(M.A., Ph.D.)
- 현)에스라성경대학원대학교 신약학교수
- 현)교회개혁실천연대 전문위원